大都會文化
METROPOLITAN CULTURE

大都會文化
METROPOLITAN CULTURE

大都會文化
METROPOLITAN CULTURE

大都會文化
METROPOLITAN CULTURE

你在說什麼？

孫廣春◎著

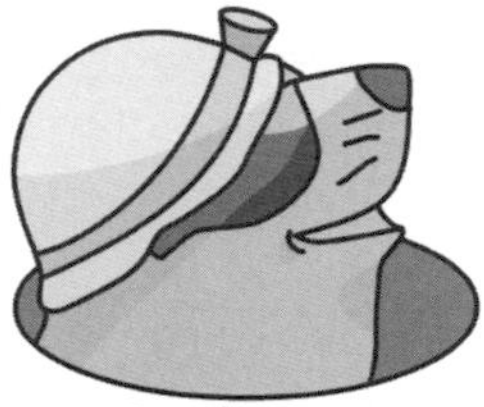

39歲前一定要學會的66種溝通技巧

老是言不由衷、總是詞不達意？
話說了老半天，事做了好幾遍，
還是達不到目的？
你說你的，我講我的，
閉著眼睛幹活，要溝通，永遠是夢！

目錄

Contents

目錄

Contents

目錄

Contents

前言

從表面上看，溝通很簡單，張嘴言談，誰人都會，但其實要把話講好，並不容易，是一門高深的學問。

要在複雜多變的人際社會中聰明對待各種人、事，必然要學會「溝通」，精於口才，能夠準確地因應各種情況，針對不同的對象，表達想法，達成溝通的目的；否則，老是說錯話，處處得罪人，明明是好心，說得不好反成像是惡意。

本書就是從這個著眼點出發，歸納、總結出了六十六種溝通與表達的密技，涵蓋生活之中所會遇上的各種情境，闡述如何說好話，如何避免誤會，爲何要這樣說，如何使自己要表達的意思深入人心！

本書語言精煉，行文流暢，通俗易懂，只要讀者能精心閱讀，自我練習，定能從中受益匪淺，進而自如地悠遊人際網絡之中，在各方面無往不利，成就自己成功的人生。

第一章

社交寒暄

1 寒暄學問多

2 態度謙虛

3 打破沉默

4 表情手勢

5 用「流行語」展現時尚

6 交淺言淺

7 說話看對象

8 入境隨俗

9 尊重避諱

10 展現優雅談吐的客套話

11 問路的技巧

1

1 寒暄學問多

寒暄問候時說的話表面上看似無關痛癢的廢話，但若少了這些廢話，人際之間的交往便少了誠摯與和諧。

寒暄是人們見面時所說的一些看似無關痛癢的應酬話，但它在與人交往中卻是十分必要的，能夠創造一種和諧融洽的交流氣氛。那麼，怎樣選擇寒暄話題呢？可從以下幾個方面考慮：

（1）以身邊的人和事作爲寒暄話題：

一句「今天天氣很好」，可以使公車上兩個素不相識的人交談起來。在生活中，這種寒暄話題是可以信手拈來的。宴會上可說，今天的晚餐很豐盛，生魚片很新鮮；在朋友家中可說，這房間佈置得很漂亮；在捷運列車上可說，今天捷運站人眞擠……。

另外，我們還可以以身邊的人尤其對方親近的人作爲寒暄話題。比如你初次到朋友家去做客，如果朋友家有老人或孩子，老人或孩子便是寒暄的最好話題。這樣，既能引起對方的興趣，也能使對方覺得你這人隨和，容易接近，於是很自然地與你交談起來。

（2）以對方感興趣的事作爲寒暄話題：

如你有事要求別人，最好先了解對方的興趣，以對方感興趣的事作爲寒暄話題。如對方喜歡音樂，你不妨先與他談談貝多芬、莫札特，談談藍調、爵士樂、當代鋼琴家等等。如果你對音樂略知一二，就能相談甚歡，對方會以你爲知己；如果你對音樂不在行，也不要緊，可趁機向對方討教，這樣既顯示出自己的謙遜有禮，又拓展了音樂見聞。

如果你有事要會見一位陌生人，先要儘量從朋友那裡打聽一些那人的情況，爲成功的寒暄作好準備。對於沉默寡言的朋友，最好在平時就注意觀察他的一些興趣愛好，注意他平時喜歡參加什麼活動，有什麼特別的嗜好，這樣，碰到這位朋友時，就可以挑那些他熟悉而有興趣的話題與他寒暄。

（3）以時事、新聞作爲寒暄話題：

時事、新聞是大家比較了解的客觀情況，以此作爲寒暄話題，能夠引起人的共鳴。大到國際、國內大事，小到家庭瑣事，都可做爲交談的題裁，但需注意開啓話題時要因人而異，以對方的興趣愛好爲主。如對深居簡出的家庭婦女大談國際局勢，或者對關心時勢、知識淵博的學者東家長西家短的聊八卦，必然難以找到共同點，有時這樣的寒暄話多了，還會引起對方的反感。所以，在以時事、新聞爲話題與人寒暄時，一定要觀察對方是否感興趣，能否引起對方交談的興致。

找好寒暄話題後，就要考慮採取何種寒暄形式了。寒暄的形式多種多樣，如以眼前的景物作爲描述對方的描述式，噓寒問暖的問候式，對人與事物進行簡單評論的評論式，對對方的優點、長處爲讚美對象的誇讚式等等。要根據不同對象的不同特點，採取恰當的寒暄形式，使寒暄眞正起到應有的作用。

2 態度謙虛

驕傲的人是不受歡迎的，吹噓自己的人更會令人生厭，謙虛並不等於貶低自己，而是用另一種更好的方式表達自己。

美國啓蒙運動的開創者、實業家、科學家、作家、政治家、外交家、美國獨立革命領導人之一富蘭克林是個具有高道德標準的人，早年的時候曾爲自己立下一份「品德表」，列舉十二項他所嚮往要達到的美德，時時砥礪自己。經過幾年的身體力行，也獲得了相當多人的敬重，但後來他又發現到一件應當實踐的美德。

富蘭克林說，在最初的自我成長品德表裡，他舉出十二項美德。但有一天，一個基督徒朋友告訴他說，大家都認爲他很驕傲，因爲他在談話中常一貫堅持自己的主張，而且流露出輕視別人的樣子。聽了這個人所說的話，富蘭克林立刻決定矯正這個缺點，並且在原本的品德表上，加上了謙虛這一條。自此之後，富蘭克林確實收斂了自傲的態度，處處小心，避免觸犯別人的感受，並改掉自己過去經常使用的，帶有武斷性質的口頭禪。經過一段時間，他發現用謙虛的態度陳述問題時，反而更容易被接受，且絕少遭人反對。

「在自我矯正的過程中，當然遇到了很多的困難，因爲要克服自己的本性；但堅持下去後，習慣成自然，慢慢的也就習慣了。同時，在改善自己的過程中，要處處注意談話的藝術，時常壓制自己，讓對方做一個擅長雄辯的人。」富蘭克林雖自認成功是虛心所致，但寬容與溫和的效力是誰也不能否認的。在談話中若使用強硬的態度，想必對方一定會立刻感到威脅而報以反對或敵視，這樣一來，必定無法收到好的談話效果。

無論說什麼樣的話，無論在任何環境之下，所說的話是有意或是無意，對方是會仔細傾聽並詳加分析的，在這種情形下，有時候會和說話者原意大相徑庭。比如，你在敘述一件自以爲得意滿足的事情，你認爲這樣可以表現出自己的膽量、機警和長處，但對方是否會有同感呢？也許有，也許沒有，這就要看你如何運用表情、談吐去影響他，使他感同身受！

這樣說，並不是叫你隱藏自己的長處，也不是要貶低自己的身價，更不是說在談話中得緘口不言。而是提醒你：和一個朋友交談時，你說的話只能占五十％左右；如果是三個人交談，你說的話只能占三分之一左右；如果是十個人一起談話，你說的話就應該占十分之一左右。總之，無論在什麼環境之下，說話要適度，只有這樣，才容易令人覺得談話的氣氛平等融洽，大家才會感到輕鬆愉快。

在人際交往中，「我」字是經常會講到的。但「我」字怎麼用，卻大有學問。

「我」字講得太多，過分強調，就會給人突出自我、標榜自己的印象，這會在對方和你之間築起一道防線，形成障礙，影響來往的深入。

因此，會說話的人，在語言傳播中，必須掌握「我」字運用的分寸。怎樣才能做到這一點呢?下面的建議可供借鑒：

（1）儘量用別的詞代替「我」：

在許多情況下，可以用「我們」一詞代替「我」。以複數的第一人稱代替單數的第一人稱，可縮短雙方的心理距離，促進彼此情感的交流。

比如：「我建議，今天下午……」可以改成：「今天下午，我們……好嗎？」

（2）能省略「我」字的時候，就不必說出：

比如：「我對我們公司的員工最近做過一次調查統計，（我）發現有四十%的員工對公司有不滿情緒，（我認爲）這些不滿情緒來自獎金的分配不公，（我建議）是不是可以……」

第一句用了「我」，主詞已經很明確，那麼後面幾句中的「我」不妨統統省去。這對句子意思的表達毫無影響，且能使句子顯得更簡潔，避免不必要的重複，還能使「我」不至於太突出。

（3）儘量以平穩和緩的語調淡化「我」字：

講「我」時，「我」字不要讀成重音，語音不要拖長，目光不要咄咄逼人，表情不要眉飛色舞，神態不要得意洋洋，語氣也要平淡。應該把表達的重點放在事件的客觀敘述上，而不要突出做這件事的「我」，更不要使聽的人，覺得你高人一等，是在吹噓自己。

3 打破沉默

個性內向或城府較深的人，通常不會輕易向生人吐露心聲，倘若繼續保持沉默，這樣的談話將不可能有任何收穫。

提示對方某種無意識的舉動，也是揭開話匣子的最佳途徑。譬如，你發現對方用手指不斷地輕敲桌面，就可以順口發問：

「你平常喜歡彈鋼琴或是其他樂器嗎？」

遇到喜歡在桌面用小指尖劃寫的人，就應該說：

「哇！你的小指既纖細又秀麗……」

這一類的話題，必定能夠吸引對方的注意力，而卸下警戒心，自然可以融洽地溝通雙方的意見了。

街頭藝人時常會在路旁的空地劃個圓圈或三角形，於四周擺設一些成品，自己站在當中口中喃喃低語……路人往往會好奇地駐足圍觀，攤販遂伺機扯開噪門大吼：

「各位鄉親！兄弟很榮幸地向大家介紹……」

這樣，他們常能圓滿地達成招攬生意的目的。

相同地，遊說者可以做一些小動作，引發對方的好奇心，繼而消除無言以對的尷尬。

有位剛出道的新聞記者，到一家人皆公認即將倒閉的公司，訪問該公司的公關經理。對方嚴陣以待，拒絕提供任何進一步的消息。記者的經驗不足，雖然有無可奈何之感，卻不甘心就此打退堂鼓，遂預備採取持久戰。

記者想藉抽菸來解悶，摸遍全身衣褲的口袋，竟然找不到香菸，只得走到衣架旁，想到風衣口袋裡搜尋。那位經理忍不住用關懷的語氣探問：

「有什麼事需要我效勞嗎？」

記者紅著臉，把原委告訴對方。經理莞爾一笑，立刻熱忱地取出自己的菸，請記者同享吞雲吐霧之樂。經過此一轉折，雙方開始暢談，記者如願以償，作了一次詳實而精彩的獨家報導。

這樁事例，彷彿「無心插柳柳成蔭」一般，記者歪打正著地取得開啓對方心靈的鎖匙。但是，見微知著，此種藉小動作消除對方警戒心的方法，倒是頗值得我們借鑒。

4 表情手勢

表情比言語的表達力更深厚。

心理學家指出：無聲語言所顯示的意義，要比有聲語言多得多，而且深刻。他還對此列出了一個公式：

資訊的傳遞＝七%言語＋三十八%語音＋五十五%表情。

雖然人們是用語言交談，用語言傳播資訊，但語言並不是說話的全部。無論是說話者還是聽話者，資訊的準確傳播和接受，都還得借助雙方的表情、姿態、動作等肢體語言。

眞正會說話的人，不僅會用嘴說，還會運用表情和肢體語言。事實上，肢體語言本來就是人們用來傳情達意的一種重要方式，只要通過眼神、表情、手勢或姿態等，就能把自己的心意傳達給對方。

事實上，一個人講與聽的過程，是交替使用眼睛和耳朵的過程。根據美國的語言專家研究，人的感覺印象中，有七十七%來自於眼睛，十四%來自於耳朵，九%來自於其他感官。因此，當我們與人交往時，必須十分注意自己的言談舉止和表情，是否已經被對方所接受。

有的人一開口就滔滔不絕，但別人卻不愛聽、聽不懂，或者根本不想聽。究其原因，問題很可能就出在他的神態舉止上。

神情倨傲，會傷害對方的自尊心；態度冷淡，會令對方失去聽的興趣；舉止隨便，會使對方感到不受重視；表情卑屈，會使對方產生懷疑；動作慌亂，會動搖對方對你的信任感；面容過於嚴肅，會使對方感到壓抑和拘謹……可見，善於說話的人，其一舉手、一投足間，都將影響著資訊傳播的效果。

5 用「流行語」展現時尚

「流行語」緊扣著時代的脈搏，折射著生活的靈光，爲人們的日常言談增添著魅力與色彩。

流行用語並不一定是一個國家或民族傳統的共同族、規範語，它有較強的地域及時間特徵。例如香港人把談戀愛剛結婚者稱爲「拍拖」；廣東人逢人稱「阿哥」。有些流行語在傳播中擴大了範圍，如北京人把閒談聊天叫「侃」，現在其他不少地方也用開了——「沒事我們一道侃去！」

大多流行語往往在一定的年齡、文化水準以及職業的人群中使用。比如在商業金融界，「看好」、「看漲」、「看跌」、「看俏」等詞語運用普遍；在演藝圈，「走紅」、「粉絲」、「性感」、「人氣」很流行。流行語多數是現有詞句的一種比喻、替代、延伸，例如知識份子把從商稱爲「下海」，轉職叫做「跳槽」。

在日常談話、交往活動中，恰到好處地使用流行語可發揮多方面的作用。

（1）可豐富、活絡談話氣氛：

談話氣氛既包括話題、語調、聲音，也指詞句的篩選與錘煉。現實生活中有些人與別人交談時老是一種腔調，老運用一些自己重複多遍、陳舊蹩腳的詞句、口頭禪，毫無新鮮明朗的氣息，給人的感覺是迂腐而沉悶。跟上時代的步伐，注意吸收運用流行的詞句，可以使自己的談吐變得豐富多彩，永遠保持談話色調的生機、活力，使話語常講常新。

（2）可溝通聯繫，增進親切感：

愉快順利的交談，往往離不開流行語的使用。比如稱呼別人，以前多是「師傅」、「○○長」，現在多用「小姐」、「老闆」，這樣更能增強談話雙方的親近感、尊敬感，部隊裡稱排長爲「○排」，姓李的排長是「李排」、姓董的排長叫「董排」，臺灣科技業裡的高學歷人力如雲，辦公室裡稱呼博士便不拘泥要全稱，「王博士」叫「王博」，「楊博士」稱，「楊博」，如此便拉近不同階級同事之間的拒絕，使交談始終處於自如輕鬆的狀態，不致因過於拘謹、而影響溝通。

（3）可娛樂逗趣，增添生活情趣：

生活是五彩斑斕的萬花筒，人們常在一起聊天、玩笑，少不了流行語的點綴。

流行語怎麼來的？或許有人會問。其實，流行語並不是哪位名人或語文學家創造發明出來的，我們每個人都可以留心於生活，留心於別人的言談，並借鑑發揮，推陳出新，啟動靈感，隨口說出。平時不妨從以下幾方面去搜集學習。

（1）從電視電影裡學：

當代影視與人們的生活愈來愈貼近，不少精彩對白、主持人的即興妙語、廣告好辭令人讚歎不絕，我們可以從中借鑒。

（2）從流行歌曲中學：

許多流行歌曲不但能唱出人們的眞情、心聲，而且吐詞通俗，生活氣息濃。某男士談戀愛，剛接觸對方，生怕對方看不中自己的外表，幾句千方百計後，說道：「我知道我很醜，可是我也很溫柔。」他妙用了趙傳的一首歌名，很快贏得姑娘的好感。

（3）從新聞用語裡學：

比如二〇〇四年總統大選前夕，尋求連任的現任總統陳水扁及副總統呂秀蓮在拜票過程中發生意外，遭到不明人士槍擊，互徒一共開了發槍，隔日選情開出，這對搭檔以些微的差距勝選，令落選的在野民眾無法信服，認爲槍擊案影響了選舉，使得中間選民投出同情票，甚至懷疑是執政黨所自導自演，事隔多年，案情仍然膠著，媒體戲言，「兩顆子彈」竟左右了臺灣最重要的選舉，這「兩顆子彈」即成爲事情不變的代名詞，也有「自導自演」的意思。

（4）從專業術語中學：

把不同學科、行業的術語移用於別的講話場合，張冠李戴，也非常風趣。如有人說自己樣子難看：「你眞英俊，行情看俏；我呢？樣子一般，市場疲軟哪！」

（5）從外文中學：

比如現在流行於人們嘴邊的「OK」，用處極爲廣泛。「眞棒」、「很好」叫「OK」，「快活」、「開心」、「叫絕」、「精彩」是「OK」，「行」、「是」、「對」還是「OK」。臺灣受日本統治五十年，而有線電視裡也有多個頻道播放日本節目，因此由日文直譯的流行語也很多，比如「殘念」是懊惱、扼腕的意思，「元氣」是有精神的意思。

（6）從方言俚語中學：

方言俚語表達含蓄，俗得夠味，很受人們喜愛。如「沒治」在上海話是好到絕頂之意，有人看聶氏下棋：「聶衛平這盤棋贏得沒治了！」「磨牙」北方方言中是費口舌之意，我們也可以拿來運用，如：「還磨牙什麼？快走吧！」

運用流行語一般有三種方法：

（1）沿用法：

就是直接運用人們熟知的辭彙語句，表述類似情況。朋友找你幫忙，你說：「這是一定要的啦！」這就是直接從電視廣告中沿用。

（2）仿用法：

就是在原詞原句的基礎上，調換個別詞語，表達自己要說的意思。張宇有首歌名「月亮惹的禍」，描述因爲情境太浪漫，使自己墜入情網。歌一推出「惹的禍」就成爲好用的流行語，講「藉口」不必支支吾吾，還能用唱的。臺灣政治諷刺動畫創作者砰砰阿鋒改編了一首：「都是阿扁惹的禍」，諷刺因弊案被攻擊的陳水扁總統「我承認都是阿扁惹的禍，怪只怪邱毅爆料爆太多」，博君一笑。

（3）移用法：

把常用於某種場合的詞語轉移到其他場合。比如說自己緊張、失望：「當時我全身的每一個細胞都進入了一級戰備狀態」、「我的情緒一下從沸點降到冰點」。這裡將「一級戰備狀態」、「沸點」、「冰點」等軍事、物理專有名詞移了過來，大詞小用，別致詼諧。

6 交淺言淺

坦率在人際間固然有其建立誠信的作用，但過猶不及，不留秘密，話說太多有時會惹禍太多，切記：禍從口出。

俗話說，「逢人只說三分話」，還有七分話，不必對人說出，你也許以爲大丈夫光明磊落，事無不可對人言，何必只說三分話呢？

老於世故的人，的確只說三分話，你可能認爲他們是狡猾，是不誠實，其實不然。說話須視對方是什麼樣的人，是不是可以盡言的人，你說三分眞話，已不爲少。孔子曰：「不得其人而言，謂之失言，」對方倘不是深熟相知之人，自己單方面地暢所欲言，以快一時，對方該如何反應。假如你說的話，是關於於自己的事，對方何必傾聽，彼此關係淺薄，與之深談，顯出自己的沒有修養；假如你說的話，是關於對方的，你不是他的諍友，不配與他深談，忠言逆耳，顯出自己的冒昧；假如你說的話，是關於國家政治，對方的立場如何，你不明白，對方的主張如何，你也不明白，偏高談闊論，輕言更易招尤呢！所以逢人只說三分話，不是不可說，而是不必說，不該說，與事無不可對人言並沒有衝突。

事無不可對人言，是指你所做的事都光明正大，沒有必要隱瞞，但也不必盡情向別人宣佈。老於世故的人，是否事事可以對人言，是另一問題，他的只說三分話，是不必說、不該說的關係，絕不是不誠實，絕不是狡猾。

說話本來有三種限制，一是人，二是時，三是地。非其人不必說。非其時，雖得其人，也不必說，得其人，得其時，而非其地，仍是不必說，非其人，你說三分眞話，已是太多；得其人，而非其時，你說三分話，正給他一個暗示，看看他的反應；得其人，得其時，而非其地，你說三分話，正可以引起他的注意，如有必要，不妨擇地另作長談，這種人才叫做通達世故的人。

7 說話看對象

不管人話鬼話，只要條條道路通羅馬，什麼話都是瀟灑話。

「見人說人話，見鬼說鬼話」這句話，一般是用來批評一個人的油滑、投機、不誠懇的，可以說是一句罵人的壞話，但精明人要重新看待這句話。

「見人說人話」，就可以和「人」溝通；「見鬼說鬼話」，就可以和「鬼」溝通。見人說鬼話，見鬼說人話，那麼就不通了。

所以，「見人說人話，見鬼說鬼話」是「溝通」的秘訣，也是和人相處、交朋友、給人好印象、了解對方的秘訣，這是一種技巧、一種藝術、一種同理心。

這句話也就是說，交談時，應儘量使用對方能夠認同的語言，並說對方熟習、關心的話題。比如說，和南部的歐吉桑說話，最好用臺語，和客家人說話，用幾句客家話……說得不道地沒關係，只要你說了，便能表現出對他們的尊重，進得得到他們的認同。在話題方面，比如和有小孩的婦女聊天，可談談孩子教育和料理廚藝；和貿易公司職員說話，可談談景氣問題……說得不深入沒關係，只要自己開口了，對方便會不由自主地告訴你很多關於他自己和工作上的事情，如果你還善於引導，他恐怕連心事都要掏出來了。

「見人說人話，見鬼說鬼話」在人際關係上是很重要的一個部份，它破除了人以自我爲中心的弱點，在言語上和對方建立同理心，同樣的，對方的防衛意識也會鬆軟下來，並且把客套、親切，當成眞誠的關心，雙方產生好感。

「見人說人話，見鬼說鬼話」，雖不一定會和對方建立親密的關係，但絕對是接近對方，和對方建立初步關係的好方法，如果你能這麼做，那麼保證你受益無窮。

不過，「人話、鬼話」是需要學習訓練的，也就是說要：

（1）訓練自己和人交往時，多談「您」，而少談「我」，如此一來，就能使自己多了解對方一點，進而眞誠的關心對方。

（2）多了解各種行業的特色和動態，學習不同族群的語言，了解多了，自然能夠「見人說人話，見鬼說鬼話」，什麼人都可以交往了。

8 入境隨俗

不同的風土民情造成各地的語言意義不盡相同，說話不識忌諱，很容易無端招來冤家，無事惹塵埃。

中國幅員遼闊，各地的方言不同，有時同樣一句話，意義卻完全相反，你以爲侮辱，他以爲尊敬，你以爲尊敬，他以爲侮辱，所以前人才傳下「入境隨俗」的道理。

從前有個浙江人，到北方去做官，他的妻子也是南方人。有一天，夫人要婢女洗衣服，她說：「洗好後，出去晾晾」。晾晾的字音，南方人讀做浪浪，浪浪在北方是不好聽的詞。婢女聽了，當然覺得奇怪。夫人詢問原因後出口笑罵道：「堂客！」堂客在江蘇、浙江一帶，是罵人的名詞，婢女聽了，急著說：「夫人，不敢當」！夫人又問其所以，才知道原來在湖北等省，「堂客」是尊敬女人的意思。

這是一個笑話，卻可證明方言意義的不同。比方你稱呼人家的小男孩，叫他小弟弟，總不算錯吧？但是在太倉人聽來，認爲你是罵小男孩；比方對老年男子，叫他老先生，總算不錯吧？但是在江蘇嘉定人聽來，是侮辱他。你在安徽，稱朋友的母親爲老太婆是尊敬她；但是在江浙地方，稱朋友的母親爲老太婆，那簡直是罵她了。又如，中國華南各地稱女子叫姑娘，是表示尊敬，和小姐一樣意思，而華北各省則不然，姑娘是妓女的代名詞。各地的風俗不同，說話上的忌諱各異，與人交際，必須留心對方的避諱話。一不留心，脫口而出，易令人不快。

雖然對方知道你不懂他的忌諱，情有可原，但在你總是近乎失禮，至少是犯了對方的忌諱，在友誼上是不會增進的。比方你對江浙人罵混帳，還不是十分嚴重，如果這樣罵北方女子，那對方會視爲是奇恥大辱，與你沒完沒了。從前有一位小學老師，爲了一些小爭執，罵學生的母親混帳，不料這位女家長，是一個北方人，因此向學校當局大興問罪之師，要那位舉出他混帳事實來。原來「混帳」二字，在北方人是女子偷漢的意思，這種解說使問題顯得嚴重了，學校當局雖一再道歉，聲明誤會，還是不肯甘休，只好請出他人勸解，才算了事。這近乎笑話的故事，更足以證明方言上的忌諱是必須特別留心的。

9 尊重避諱

避諱是能夠在交際中適應他人，理解別人，尊重別人，儘量避免給別人帶來不愉快。

清代的康熙皇帝，年輕時勵精圖治，奠定了大清帝國的穩妥國基，到了晚年，年紀大了，頭髮花白，牙齒鬆動脫落。這本是人生的自然規律，但他人老心不服老，聽到人說「老」就不高興，左右臣子深知他的心結，特別忌諱說「老」一類的字眼，從不在皇上面前觸這個霉頭。康熙皇帝為了顯示自己還年輕有活力，常常率領皇后、妃子們去獵苑獵取野獸，在池上釣魚取樂。

有一次，他率領一群皇妃們去湖上垂釣，不一會兒，魚竿一動，康熙皇帝連忙舉起釣竿，只見鉤上釣著一隻老鱉，心中好不喜歡。誰知剛剛拉出水面，只聽「撲通」一聲，鱉卻脫鉤掉到水裡跑掉了，康熙長吁短歎連叫可惜。在康熙左邊身旁陪同的皇后見狀連忙安慰說：「看光景這隻鱉是老得沒有門牙了，所以銜不住鉤子。」

這時，在一旁觀看的一個年輕妃子見狀忍不住大笑起來，而且笑個不止，簡直直不起腰來。康熙見狀不由得龍顏大怒，他認爲皇后說的是言者無心，而那妃子則是笑者有意，是含沙射影，笑他沒有牙齒，老而無用了。回宮之後，康熙降下諭旨，將那妃子打入冷宮，終身不得復出。到了這個時候，那個年輕的妃子才深深感到後悔，歎息著說：「因爲不愼笑了一笑，害自己守寡一生，這都是不檢點帶來的惡果啊。」

爲什麼皇后在說話時明顯說到「老」字而康熙皇帝沒有怪罪她，而妃子只是笑了一笑，而康熙皇帝卻怪罪她呢？首先是康熙的忌諱心理，他不認老，忌諱別人說他老，這種心理實際是反映了老年人的一種普遍的心理狀態，由於上了年紀，在體力和精力上都下降了，但又不肯承認這個現實，而且也希望人們在客觀上否認這個現實，故而一旦有人涉及這個話題心理上就承受不了。再是由於皇后與妃子同康熙皇帝的感情距離不同。皇后說的話，仔細推敲一下，有顯義和隱義的兩個意義，顯義是字面上的意義，因爲康熙皇帝與皇后的感情距離較近，他產生的是積極聯想，所以他只是從字面上去理解，知道皇后是一片好心的安慰。妃子雖然沒有說話，只是笑了一笑，但她是在皇后說話的基礎上笑的，她與康熙皇帝的感情距離比較遠，所以讓康熙皇帝產生了消極聯想，其隱義是：那老鱉老掉牙銜不住鉤子，就像你康熙皇帝一樣老而無用，連釣起的老鱉也讓它逃跑了。這下子深深地傷害了康熙的自尊心。

康熙因妃子笑話而祭出重罰固然暴露出封建帝王的冷酷，但如果是一個平常人，別人這樣把你的缺憾當笑話，你也不會高興的。人總是有自尊心的，總希望受到別人的尊重，總不希望人們一見面就提自己不愉快的事。因此人人都不願意人家觸及到自己的憾事、缺點、隱私和使自己感到難堪的事，這也是一般人所共有的心理。因此在現實的交際生活中，一定要注意尊重對方，交談時千萬不要涉及對方所忌諱的問題，否則必定會傷害對方情感，破壞彼此關係。

在生活中這樣的失誤常常發生。一位身材略胖的顧客到服飾店裡買衣服，對一件有著大花和橫條紋的上衣感興趣，店員竟說：「大花帶橫條紋的衣服適合瘦的人穿，你這麼胖，再穿上這種衣服，很不好看。」店員原本一片好心，但觸及顧客的忌諱，女顧客氣得一句話都沒說，就走了。

有位從小雙臂殘疾，靠自己的努力練出用腳趾頭夾筆寫字作畫本領的畫家，畫作被選中送到國外展出。一位記者採訪他時竟唐突地問：「你是靠腳趾頭成名的，那麼我問你，是腳有用還是手有用？」這一問使得畫家十分尷尬，反問：「維納斯雕像是以斷臂出名的，你說她是有胳膊美還是沒胳膊美？」問得那記者瞠目結舌，採訪也隨之失敗了。

俗話說得好：「矮子面前莫說矮」，別人有生理上的缺陷，或者家庭不幸，或者自己在爲人處世方面有短處，心裡已經是夠痛苦的了，不能再雪上加霜。碰上這些情況都應該加以避諱，不能「哪壺不開提哪壺」，不然傷害了人不說，別人也不會輕易放過你的，到頭來只能是兩敗俱傷而已。

自然，人生是複雜的，由於種種原因，有時說話還非要涉及別人忌諱的話題不可，在這種情況下，就要講究語言技巧了。要儘量把話說得委婉、含蓄些，在遣辭造句時，要避免那些帶有直接刺激感官的字眼，這樣就有可能取得比較好的效果。例如同是一位較胖的女顧客去布店買花布做襯衫，在選擇大花圖案還是幾何圖案上拿不定主意，女店員根據顧客的特點，幫她選擇了幾何圖案的花布，並且介紹說：「這種大花圖案帶有擴張感，適合瘦人穿，你穿不太合適。這種幾何圖案花布藝術大方，顏色也好，一尺才五角二分，你買七尺就夠了，做襯衫穿，既便宜又能使人顯得年輕，瘦小。」女胖顧客聽了就很舒服。

10 展現優雅談吐的客套話

客套話是社交中必須的禮節，正如培根所說，得體的客套話同美好的儀態一樣，是永久的薦書。

客套話，是社會交往中相當普遍的一種語言現象。請人辦事，說一聲「勞駕」；送客臨別，講一句「慢走」，能顯示出一個人的禮貌周到和談吐文雅。擅長外交的人們，像精通交通規則一般熟諳客套。

但是，客套要切記自然，眞誠，言必由衷，並富有藝術性。

在日常交往中，常用的客套話是：

初次見面說「久仰」，好久不見說「久違」。

請人批評說「指教」，求人原諒說「包涵」。

求人幫忙說「勞駕」，請給方便說「借光」。

麻煩別人說「打擾」，向人祝賀說「恭喜」。

自己詩畫送人看，常說「斧正」或「雅正」。
求人解答用「請問」，請人指點用「賜教」。
托人辦事用「拜託」，讚人見解用「高見」。
看望別人用「拜訪」，賓客來到用「光臨」。
陪伴朋友用「奉陪」，中途先走用「失陪」。
等候客人用「恭候」，請人勿送用「留步」。
歡迎購買叫「光顧」，歸還原物叫「奉還」。
對方來信叫「惠書」，老人年齡叫「高壽」。

11 問路的技巧

眞正的「地圖」是在人的腦子裡，但當腦子裡沒有地圖的時候，嘴巴可以借來一用。

人們常說：「嘴就是路，路就在嘴上。」那麼，怎樣才能讓嘴變成路呢？這裡有個問路的口才藝術和技巧問題。

問路時，必須掌握由大到小、由遠至近的原則，並根據被問者的年齡、性別、職業和場合等具體情況，使用恰當的方式提出問題。一般有如下四種方法：

（1）直接式：

就是開門見山，直接了當地提出問題，請求對方給予解答。如「先生，請問去國賓飯店從哪條路走？」「中山北路向前走五十公尺。」「謝謝。」

（2）反試式：

明知所在的地點不是目的地甲，但問時偏偏說成是甲，待對方否定回答之後，緊接著追問甲的具體位置。如：「先生，這兒是國稅局松山分局嗎？」「不是。」「請問松山分局的具體位置在哪兒？」「六樓。」「謝謝。」

（3）疑問式：

用試探或疑問的方法提出問題，從對方的回答或否定回答來判定自己行動的準確性。比如：「先生，到大安森林公園是乘這路公車嗎？」對方回答「是」，說明你的行動是正確的，對方回答「不是」，證明你的行動有誤，需及時調整。

（4）啓發式：

當對方回答問題含混不清或模稜兩可時，應及時加以提示引導，向被問者提供要尋找的對象的基本情況，如工作部門、家庭狀況、面貌特徵、身高、愛好以及與之有關係的人和事等等，啓發引導對方的思維，通過對證、比較和分析判斷，得出正確的如果對方還是不能得出正確結論，你也應該說聲「謝謝」，再去請教其他的人。

上述問路的四種方式既可單獨使用，又可混合使用，應視情況靈活掌握。

第二章

朋友互動

2

12 含蓄讚美

眞正的讚美不僅是掛在嘴上很好聽，更是對心靈恰當的撫慰。

說實在的，當我們在讚揚一個人的時候，最擔心的是對方內心裡的不自在，如果漫不經心的去稱讚人，很可能招來「哼！這個馬屁精」之災。

假如身邊再有他人在的話，就更叫人感覺到難爲情了，實在不敢大大方方的去稱讚一個人。

然而話又說回來了，讚美是件對的事，逢到必要的場合，是應該大聲而堂堂正正的去讚揚對方的成就、長處以及善行的。

只是不宜盲目的去讚揚人，不然，就會像一個十足的馬屁精了。要讚揚一個人時，必須一本正經，打從心裡頭，抱持著信念的形態去讚揚。

當你親切的爲別人做了一些事，而對他說「這件小事不值得掛齒」時，乍聽之下，似乎是表示你的謙虛，然而進一步分析的話，可說是一種不遜之語。

還是堂堂正正的接受對方的謝意，比較富有人情味。

英語有一句「謝謝您，對我說謝謝。」（Thank you for thanking me.）這一句包含有「你高興我爲你做事，我也感覺到高興」之意。因此，大家可以多利用。

當別人對你說謝謝，而你繃著一張臉時，勢將給予對方「這樣已經行了吧！」的印象，而使受惠者看到了你人格的局限。

如果你對別人施惠，而對方向你道謝的話，你不妨巧妙的如此回答：

「那麼——今後你可以多多的依賴我。」這麼一說，不但能夠表示出你的寬懷大量，而且，你也會感覺到非常的愉快。

一位窈窕可人的女會計戴著一條新項鍊上班。辦公室裡面的一個年輕男同事，囁嚅說：「哦！我好生羨慕它！」

女會計問：「咦？你羨慕什麼？」

「我就是羨慕那條項鏈。」

「我好嫉妒它哦！因爲它能夠環繞在美人兒的玉頸上面——」

（「哇！好漂亮的一條首飾」如此稱讚的人，往往予人一種敷衍虛飾的感覺。只要兜一個圈子誇獎一番「色、香、味」就會增進不少。）

一名熱烈地愛上了某女子的青年說：「夢中情人，我願意我所有的財產放置於你的腳下。」女子問：「你沒有多少的財產啊！」青年：「你說的不錯！但是比起你小而玲瓏的玉足來，它們就顯得不小了！」

這就是最上乘的誇獎手法了！

對方無論是男性、女性、前輩或者是同事、甚至後輩，最上乘的誇獎法爲——「我知道誇獎對你不會發生作用。可是……」

有位男士請一位小姐到高級餐館去吃飯。但這位小姐卻不小心在樓梯上摔倒，掉了一隻鞋子，裙子也鉤破了。

對自己的大意她感到愧不可當，立刻臉色蒼白的垂頭喪氣。但是當她回過頭來時，卻看到他褲子的拉鏈也沒拉上。她立刻脹紅了臉——當然這是他親切的一面，在她不注意的一兩秒內故意也使自己難堪，讓她不致於下不了臺。

據說有位男士的女友因被他人所騙而失身，所以哭泣著要賠罪並自動要求和他解除婚約。第二天早上，他去找這位女友：

「我向你承認昨晚我也跟歡場女子睡過覺了。請你不要跟我解除婚約。」

13 誠於嘉獎

誇獎一個人比批評一個人更容易被對方接受。

在談誇獎之前，讓我們先從批評說起。人類處世的天性，做錯事的只會責備別人而絕不責備自己，即使良心發現，也會盡力掩蓋。這時候，你突然脫口而出批評指責之言，揭發他的錯，那個我們要矯正及譴責的人，每每要爲他自己辯護，而反過來譴責我們。即使是我們出於關心愛護朋友之心，批評朋友，除非識人知性，否則不如不說。林肯應付人很成功，他最喜歡的格言是：「不要評議人，免得爲人所評議」。林肯不輕易批評別人，即使他有批評別人的充分理由。

批評有時是無用的，因爲它會使人心裡受挫，憤而竭力爲自己辯護，反唇回擊批評者的弱點。中國有句古話：「各人自掃門前雪，勿管他人瓦上霜。」適當地借用過來，說明人在批評別人的時候要愼重，沒有一個人會是完美的，應從嚴於律己做起，勿需咄咄逼人，挑人家的刺。批評是會傷害一個人的寶貴的自尊心，傷害他的情感，並且使他灰心，必然激起他的反抗。

如果你要使別人做你想要他做的事，那麼請「誠於嘉獎，寬以稱道」。因為人人喜歡恭維，討厭被指責。「人性中至深的本質就是渴求被人重視。」人們對自重感的渴求遠勝於食物和金錢。誰偶有能力滿足這種內心饑餓的人的需要，誰就可以將他握在掌心，任你驅使。尋求自重感的欲望是人與動物的主要區別，如果我們的祖先沒有這種自重感的衝動，早就不存在文化了。假如沒有自重感的渴求，歷史上就不會出現那麼偉大的或顯赫的人物。這個欲望激勵林肯研讀法律，當上美國總統；這個欲望激勵狄更斯寫出他不朽的小說；也是這個欲望使洛克菲勒賺到了他一輩子也花不完的錢。

自重感激勵許多人成名，而名人仍為自重感掙扎著。歷史上佈滿了這樣的有趣的例證：華盛頓更願意被稱為「至高無上的美國總統」；哥倫布請求得到「海洋大將印度總督」的頭銜；加撒林拒絕拆閱沒有稱她「女皇陛下」的信件。還有甚者以癲狂為樂，他們在他們自創的夢境中，找到了他們深切嚮往的自重感，這是個極端的現象。對於以上種種現象，試想，在人還未達癲狂之前給他真誠的讚許和鼓勵，你我將成就什麼奇蹟呢？

在卡內基「成功之路」的書中推崇過兩個人：斯瓦伯和愛默遜。這兩人都善於讚許和鼓勵別人。斯瓦伯在鋼鐵製造業取得成功，他說：「世界上最易抹殺一個人志向的，就是上司的批評。我向來不批評任何人，我急於稱讚，遲於找錯。在我一生的廣泛交往中，還沒找到一個人，無論如何偉大，地位如何高，在被讚許的情況下，不比在被批評的情況下做得更好、更努力的。」如果你想教育一個孩子，那麼就稱他是「自立的男子漢」，在他拒絕吃早點時，鼓勵他自己動手做早飯，包準讓他吃得津津樂道。

愛默遜說：「凡我所遇見的人，都在若干地方勝過我。在那若干地方，我跟他學。」這正應了中國的一句古語：「三人行，必有我師焉。」看一個人，要「橫看成嶺側成峰」，不要單從一個方面去評價或抓住一點不放，這樣我們會從每個人身上發現優點或值得學習的東西。我們對這些優點予以眞誠的讚許和稱道，以使我們的讚賞與諂媚截然分別開來。

分一點兒心思來研究別人的優點，給他人以眞誠的讚賞，給他人以自重感，自己也會收到同樣的報答。「誠於嘉許，寬於稱道」，人們會珍藏你的話。

14 適度恭維

誠心的恭維、討好是人際互動的潤滑劑，是表達敬愛與善意的必要方式。

恭維，固然與巴結討好、阿諛奉承有某種相似之處，但是，正常恭維，對於協調人際關係，表達對別人的尊重，增進了解和友誼，卻具有相當大的作用。

那麼，怎樣恭維人家呢？這裡面也有很多的學問。具體說來，恭維別人時，應注意以下幾點：

（1）因人而異：

恭維要根據不同人的年齡、性別、職業、社會地位、人生閱歷和性格特徵進行。

比如男人就不宜過多地恭維女人的容貌。對青年人恭維他的創造才能和開拓精神，對老年人恭維他身體健康、富有經驗就比較合適。對教齡長的老師可恭維他桃李滿天下，對新老師這樣恭維則不適當。

(2) 選擇適當的話題：

恭維本身並不是交往的目的，而是爲雙方進一步交往創造一種融洽的氣氛。比如看到電視機、電冰箱先問問其性能如何，看到牆上的字畫就談談字畫的欣賞知識，然後再借題發揮地讚美主人的工作能力和知識閱歷，從而找到雙方的共同語言。千萬不要用挑剔的口吻，即使看到某些不足，也不必過於認眞，以免使對方情緒不快。

(3) 語意懇切：

在恭維的同時，明確地說出自己的願望或者有意識地說出一些具體細節，都能讓人感到你的眞誠，而不至以爲是過分的溢美之辭。如你恭維別人的髮型，可問及是哪家美髮院設計的，或說明你也很想換成這樣髮型。美國前總統羅斯福在讚揚張伯倫時說：「我眞感謝你花在製造這輛汽車上的時間和精力，做得太棒了。」他還注意到了張伯倫費過心思的一切細節，特意把各種零件指給旁人看。這就大大增強了恭維的誠意。

（4）注意場合：

在有多人在場的情況下，恭維其中某一人必然也會引起其他人的心理反應。比如你恭維托福考試成績好的人，那麼在場的參加托福考試成績較差的人就會感到受奚落、被挖苦。這時你就要尋找某些因素，如某人復習時間太短，某人出差回來倉促上陣等等客觀原因，來照顧他們的面子。

（5）措詞精當：

在現實生活中往往會出現這樣的事：說話者是好心，而聽話者卻當成惡意，結果弄得不歡而散。因而恭維的語意要明確，避免聽話者多心。

（6）掌握分寸：

不合乎實際的評價其實是一種諷刺，違心地迎合、奉承和討好也有損自己的人格。適度得體的恭維應建立在理解他人，鼓勵他人，滿足他人的正常需要及為人際交往創造一種和諧友好氣氛的基礎上，那種帶著不可告人的目的曲意迎合是我們所不齒的。

15 委婉拒絕

說話要學會「繞」，正所謂「曲徑通幽」，輪船下是善於「繞」，才能避開險灘暗礁，一帆風順。

陳毅擔任中國外長時曾主持過一次談國際形勢的記者會。會上陳毅談到了美制U—2型高空偵察機騷擾中國領空的事情，並對此表示了極大的憤慨。有個外國記者趁機問道：「外長先生，聽說中國打下了這架偵察機，請問是用什麼武器打下的？是導彈嗎？」只見陳毅用手作了一個用力往上捅的動作，說：「我們是用竹竿捅下來了。」與會者無不捧腹大笑，那個記者也知趣地不再追問了。

竹竿能捅下高空偵察機嗎？陳毅回答的顯然是一句錯話。但卻錯得極妙！試想，除此之外，還有什麼更好的回答方式呢？如實相告，就會洩露國家的核心機密，當然不行；但按一般方法說「無可奉告」，將使會議氣氛過於板滯、凝重，而「是用竹竿捅的」這句錯話，卻聽起來煞有介事，既維護了國家機密，又造成了幽默輕鬆的談話氣氛，眞是一舉兩得，一箭雙雕，怎能不叫人拍手叫絕！

可見，在特定語言環境中，爲了避免不必要的麻煩，將眞話變爲錯話，曲折地說出來，往往能有意想不到的好結果。

生活中常有這樣的事，當有人求自己幫忙，但卻實在是辦不到，此時若直言拒絕，一定會使對方難堪或傷害對方，那麼該怎麼辦呢？

有一次，林肯在某個報紙編輯大會上發言，指出自己不是一個編輯，所以出席這次會議，是很不相稱的。爲了說明他最好不要出席這次會議的理由，他講了一個小故事：

「有一次，我在森林中遇到了一個騎馬的婦女，我停下來讓路，可是她也停了下來，目不轉睛地盯著我的面孔看。」

「她說：『我現在才相信你是我見到過的最醜的人！』」

「我說：『你大概講對了，但是我又有什麼辦法呢？』」

「她說：『當然，你生得這副醜樣是沒有辦法改變的，但你還是可以待在家裡不要出來嘛！』」

大家爲林肯幽默的自嘲而啞然失笑。林肯在這裡巧妙地運用了自嘲來表達自己的拒絕意圖。既沒讓人難堪，還在愉快的氛圍中領悟到林肯的意圖。

有時候爲了避免直言相告，還可巧妙地尋找藉口來爲自己解圍或是保全他人的面子。

舞會上別人邀你，你內心實在不想跟他跳，可說：「我累了，想休息一下。」既達到謝絕目的，又不傷別人的自尊心。

別人與你相約同去參加某一活動，但屆時你忘記了；或過後生悔，未去赴約。直說出原因，將會影響別人對自己的信任，也是對他人的不尊重。一般情況下，失約的可能原因有身體不適、家中有事、客人來訪等，你可挑選較合情理的一種，作爲事後的解釋。

爲了避免直言，運用各種暗示，以含蓄、隱晦的方法向對方發出某種寓著自己眞實想法、態度的資訊，以此來影響對方的心理，使對方明白自己的心意，這也不失爲一個妙招。

一次，某鄉總幹事爲了加強機關幹部管理，在工作考勤等方面作了一系列規定。決定由曾在鄉屬企業擔任過多年負責人，不久前剛調到機關任傳達工作的一位資深官員負責考勤登記。這位官員認爲這項工作易得罪人，不願意做。說自己過去就是因爲辦事太認眞，得罪了不少人，正在吸取「教訓」。

聽了他的話，總幹事委婉地講了一個故事，某電影導演，爲拍部片子四處尋找合適的演員。一天，發現了一個合適的人選，便通知他準備試鏡頭。這個人十分高興，理了髮換上新衣，對著鏡子左照右看，總感到自己的兩顆「犬牙」式的牙齒不好看，於是到醫院把牙齒拔掉了。後來，當他興致勃勃地去報到時，導演一見到他就很失望地說：「對不起，你身上最珍貴的東西，被你自己當缺陷給毀掉了，我們的影片已不再需要你了。」

故事講完後，這位老先生懂得了「堅持原則，辦事認眞」正是自己最好的品質，於是愉快地接受了任務。在與人交談中，慷慨激昂，鋒芒外露，固然是一種本事，但細語聲聲，婉言相告，也是必不可缺的一種本事。

16 勇敢說「不」

「不」，這個字很好寫，但放到人與人之間，卻很不容易說出口。很多人或因為感情因素，或因為個性關係，或因為時勢所迫，無法把「不」說出來，因而吃了大虧。

有這樣一個人，朋友向他借錢，總是無法拒絕，怕說了「不」，傷害了對方自尊，更怕說了「不」，對方生活陷入困境。朋友們深知他的弱點，手頭不便就向他開口，當然有借有還的占大部分，但有借無還的也有好些。小錢不還倒也無所謂，但有一次，一個朋友求借一大筆錢，說是要開店創業，這個人依然無法說「不」，結果那人並沒有開店，錢拿走了，人也失蹤了。

沒有勇氣說「不」，往往會演變成這種情形，軟土深掘，得寸進尺。常常要求你、拜託你——當然你並不一定會有損失，但造成損失的可能性相當高；最重要的是，從一開始就沒有說「不」，會越來越難以說出口，而一旦說出口，往往造成更大的傷害。

因此該說「不」時，就要勇敢地說「不」。

不過，在所有情況下都不分青紅皀白地說「不」，也是個問題，總不能每天每件事都把「不」掛在嘴邊。

所以，要先從「心」來考慮，也就是，當有人要向你借錢或要求做某件事時，你要先問你自己——我願不願意？而不是從利害來考量。如果你願意：赴湯蹈火，肝腦塗地，也不在乎，也不會後悔；要是心不甘情不願，就沒必要勉強自己，一勉強自己，就會不快樂，每天活在「當時爲什麼不拒絕」的悔恨當中。也許損失不大，但因違背了心意，這件事反而成爲很大的負擔。

因此，當心底裡不願意時，就要勇敢地說「不」！

不過，說「不」也不是那麼簡單，而是需要技巧的，因爲會要求你、拜託你的，大多是身邊的親朋同事，如果技巧不好，很容易就弄壞了彼此的關係。

技巧是各人巧妙不同，不過也有一些原則可循，要儘量委婉、平和，說明你要說「不」的原因，讓對方有臺階下，也不致傷了和氣。如果可能，迂迴一點講也可以，而不直接說「不」，對方如果不是白癡，應可聽懂你的弦外之音，這是「軟釘子」，而不是「硬釘子」。同時爲了不得不，我也贊成說些謊話。

不過，說「不」要學習，可以先從小事學起，久而久之，便懂得拿捏分寸，不會臉紅脖子粗，讓人一見就知道你的「不」並不堅定。此外，還可把自己塑造成有原則的人，那麼一些無謂的要求、拜託就不會降臨到你身上。當然，一切還是要先看你「願不願意」。

17 說中聽的話

說話是溝通彼此感情的最好工具，往往一句話，就引起對方許多遐想，所以要少踫一般人敏感的話題，當對方言語尖酸刻薄時，不妨充耳不聞，不必非反擊不可。

說話是溝通感情的最好工具，擅長與熟人講話，不算本領；能與陌生人講話，說得傾心如故，相見恨晚，才是眞本領。說話實在是一種做人之道，古人所謂：「片言之誤，可以啓萬口之譏。」而一般初入世的後生，說話宜少不宜多，宜小心不宜大意，要說話以前，先得想一想，替聽的人考慮一下，對方願意聽的話，才出口談之，對方沒興趣聽的話，還是不說爲妙。

所謂沒興趣聽的話有幾種：老生常談，不值得聽；一說再說，耳熟能詳，不必再聽；與心境相反，聽不進去；與主張相反，不想聽；與他無關，沒什麼好聽；利害衝突，聽不下去；程度不同，聽不懂；傷心的事，聽了難過；隱私，不能去聽；然而人們最不願聽，該算是尖酸刻薄的話了。

說話所引起的反應，可能有以下幾種：第一種是甜蜜之味；第二種是辛辣之味；第三種是爽脆之味；第四種是新奇之味；第五種是苦澀之味；第六種是寒酸之味；而最壞的反應，則是創痛之味。淡言微語，令人回味，對方自會發生好感；熱情洋溢，句句打入心坎，對方自然會產生甜蜜的反應；激昂慷慨，言人所不敢言，對方自會發生辛辣的反應；知無不言，言無不盡，對方自會以生爽脆的反應；「以反人爲實」，「好爲無端涯之言」，對方自會發生新奇反應；陳義晦澀，言辭拙訥，對方自會發生苦澀反應；一味訴苦，到處乞憐，對方自會發生寒酸反應；好放冷箭，傷人爲快，傷人越甚，越以爲快，對方自會發生創痛的反應；能得甜蜜反應者爲上，能得爽脆反應者爲次，能得辛辣反應者更次，得到新奇的反應，苦澀的反應，寒酸的反應的話都是下等，而得到創痛反應的話，就更是大違人情了。

但是說尖刻話的人，未嘗不知其言傷人，而以傷人爲快，這是什麼道理？這完全是心理的病態，而心理之所以有此病態，也自有根源。

第一，有些小聰明，且頗以聰明自負，而大家卻不承認他的聰明，因此常有生不逢時之感；第二，有強烈的自尊心，希望大家尊重他，偏偏事與願違，因此對所有人都有仇視的心理；第三，仇視的心理，累積很久，始終找不到消解的機會，於是這種仇視心理只有找到發洩之途，誰是他仇恨的對象？因爲刺激的方面太多，早已成爲極複雜的觀念，複雜簡單化，每個所接觸的人，都成爲發洩的對象。他認爲人們都是可惡的，不問有無舊恨，有無新仇，都要伺機而動濫放冷箭。

你如果已犯了這個病，先得明白這種病的危險，不去醫治，結果必是眾叛親離，不要說在社會上，只有失敗不會成功，即使在家庭，親如父兄妻子，也無法水乳交融。不過父兄妻子，關係太密切，在無可原諒之中，仍與之原諒。社會上的人，就絕不會對你這麼寬厚，必然以眼還眼，以牙還牙，總有一天，你會成爲大眾的箭靶子。所以說話尖刻，足以傷人情，傷人情最後的結果，卻是傷了自己！

18 掌握時機

多說話，別人未必當你是能幹，少說話，也未必當你是呆子。關鍵是看準菩薩燒好香，看準對象說好話。

同樣一句話，你對甲說，甲肯全神貫注的聽，你對乙說，乙卻顧左右而言他。這時候對甲說，甲樂於接受，那個時候對甲說，甲覺得不耐煩。這除了表示甲乙兩個人的生活環境不同，也表示甲前後的心情不一樣。

當年趙高要陷害李斯，對李斯說秦二世的行爲不對，勸李斯進諫，並約定秦二世有閒時候，代爲通知李斯。有一天李斯應約進宮，二世正與姬妾取樂，看見李斯進來。心中很不高興，而李斯卻茫然無所知，正言進諫，二世只好當場敷衍一下。等李斯一退出，二世便開始發牢騷，說丞相瞧不起他，什麼時候不好說，偏在這個時候來囉嗦。

李斯的殺身之禍也就是因爲如此。可見要說話，還該注意什麼時候最適宜。對方正在工作忙碌的時候，不要去說話；對方正在焦急的時候，不要去說話；對方盛怒的時候，不要去說話；對方放浪形骸的時候，也不要去說話；對方悲傷的時候，更不要去說話。只要有上述幾種情形之一，你去說話，定會碰一鼻子灰，不但說話的目的達不到，而遭冷落，受埋怨也是意料中的事。

有得意的事，就該與得意的人談，你有失意的事，應該和失意的人談。和失意的人談你得意的事，你不但不知趣，簡直是挖苦、譏諷他，他對你的感情，只會更壞，不會變好的。和得意的人談失意的事，他最多與你作表面的應付，難有眞實的同情。有時還可能引起誤會，以爲你是要請他幫助，他會預先防備，使你無法久談。所以你要訴苦，應找境遇相同的人去訴，同病自會相憐，不但能得到精神上的安慰，亦可稍敘胸中不平之氣。你要談得意事，應該向得意的人去談，志同道合。年輕人涵養功夫不夠，稍有得意的事，便逢人就說且自鳴得意，結果招人罵你器小易盈，笑你沾沾自喜，無意中還會惹起別人的妒忌。偶有不如意使你覺得滿腹牢騷，如有骨鯁在喉，不免逢人就訴，結果惹人討厭，說你毫無耐性，甚至笑你活該。

總而言之，要說話，先看準對象，他是願意和你說話的人嗎？如果所遇非人，還是不說爲好；這個時候，你是要說話的時候嗎？如果時候不對，還是不說話的好，說話的成功與失敗，誠然與你的說話技術有關，而是否得其人得其時，也與你說話的成敗有很大的關係。

19 白色謊言

生活中，必然會有許許多多、這樣那樣的謊言，這不是有意去傷害別人，是迫不得已。

人生離不開謊言，因爲社會進入文明化的運行機制後，謊言不以人的意志爲轉移，自然而然也就產生了。生活中，在有些情況下，你不能不說謊；在一些非常時候，甚至只能說謊，才能夠使事情更爲完滿。

《最後一葉》是美國作家歐·亨利的一篇短篇小說，它的故事是這樣的：

在某醫院的一間病房裡，身患重病的病人房間窗外有一棵樹，樹葉被秋風一刮，一片一片地掉落下來，病人望著落葉蕭蕭、淒風苦雨，身體也隨之每下愈況，一天不如一天。她心想：「當樹葉全部掉落時，我也就要死了。」一位老畫家得知後，被這種悲泣深深打動了，他畫了一片樹葉裝在樹枝上，秋去冬來，冬去春來，那片葉子儘管搖搖晃晃卻不掉落，那位瀕臨死亡的女病人靠著與那片葉子並肩奮戰的動力，最終堅強地活了下來。

作爲小說，這可能有點誇張，但現實生活中，類似於這樣的事例是不少的。這種謊言，就是生活中必要的，沒有這個謊言，那位女病人必然會意志消沉而死去，要救活她，只能製造謊言。在醫療上，這種謊言是最多的。

作爲醫生，對患者故意說謊，有時就是職業道德的一部分。比如對一個已確定爲肝癌末期的病人，醫生就不能將眞相告訴病人。「什麼病？」「肝炎，有些嚴重。不過，配合治療很快會好的。」這就是在撒謊，但這種謊言是必要的。

有的病人雖然患的不是末期肝癌，是其他危及生命的病，但醫生同樣也不能對病人說：「你根本沒有希望了，就等著死吧！」這樣的一句眞話，還沒一萬句謊言來的必要。

同樣，作爲病人親友的人，在去探望病人時，即使知道他活不了幾天了，但也要與醫生配合，把謊撒下去，讓病人滿懷信心地接受治療。因爲生命本身有時會創造奇蹟的，誰也不能說絕對。即使沒有奇蹟出現，讓病人充滿希望地多活兩天也是一種人道精神的表現。這個時候，不撒謊，還能怎麼辦？

還有一類謊言是社會禮儀中必須說的奉承話，這些話裡大都是水份，誇張、空話連篇，聽著那些千篇一律的空話套話，雖然心裡並不一定十分愉快，但人類缺少這些空話與謊話，禮儀就無法成立了。

有這麼一個故事：

王員外家添了個孫子，在滿月酒的那天，來了許多賀的賓客，大家都看著孩子在有意無意的閒談。

李秀才說：「令孫將來一定福壽雙全、飛黃騰達、富貴榮華光宗耀祖！」

羅秀才說：「人都是一樣的，這孩子將來也會長大、變老死去！」

李秀才受到熱烈的歡迎，待爲上賓，而羅秀才則受到客人的鄙視、主人的忌恨與冷遇。

難道羅秀才說的不是實話嗎？當然是實話，可是實話是難聽的。相反，李秀才說的極有可能是假話，一個人「福壽雙全」是很難的，但就是假話討得了主人的歡心，因爲主人正是這麼期望的。

生活本身常常是平淡無奇的，天上掉禮物的事總是少的，而災難的厄運倒是常常不知不覺地走過來。人類本身的天性全是嚮往美好的、喜歡富有刺激、帶有浪漫色彩的生活。如果我們什麼事情都從實道來，世界上有些事也許就成爲沒有意思的事了。所以，不少人愛聽謊言勝過愛聽眞理。

禮貌語言和奉承話給人們的幻想與虛榮心帶來極大的滿足，使人從困境與艱難中擺脫出來。它讓人覺得自己在別人的生活中是受到尊重與重視的，因此它在生活中也是必不可少的，所以盧梭在《懺悔錄》中說：「我從沒有說謊的興趣，可是，我常常不得不羞愧地說些謊話，以便使自己從不同的困境中解脫出來。有時爲了維持交談，我遲鈍的思維、乾枯的話題迫使我虛構以便有話可說。」

林語堂先生也曾說過：「什麼是中國人的教養？我一直苦苦思索，由是發現了以下三點：一、說謊……；二、具有像紳士那樣說謊的能力；三、以幽默感理解自己心境的乾淨，並且對地球上的任何事物都不過於熱衷。」

人，總是要面對生活的。生活中，眞實是重要的，眞誠更加重要，這對人生、對社會無疑是有更大價值的。然而，我們所處的社會是紛繁複雜的，大家都是凡人，都期望能出人頭地，每個人心中都有這樣或那樣的欲望和念頭，不加選擇、不分對象、不分場合把什麼都和盤托出，那在社會上有可能一天也混不下去。

20 舉止態度

不要以爲不拘小節是種大方、無傷大雅，眞正氣宇軒昂、雍容大度者，正是講究個人舉止姿態的每個細節，所散發出的修養氣質。

不拘小節常被人看做是大度瀟灑的表現：知道嗎？大事全部是由不起眼的小事組成的，惟有把每件小事做好，才有可能做成大事業。更何況，許多生活社交上的所謂小事也許不會給你帶來明顯的財富收入，但卻是一個人修養素質的全部表現，是一個人潛在的形象及人際資源方面的投資。

阿志、阿祥和阿泰三人是從小一起長大的好朋友，但某次阿志告訴阿祥，說在生意上他絕不會和阿泰合作。阿志很困惑：大家感情那麼好，生意上又可互惠互利，爲什麼不一起努力？阿祥說：「這麼多年了阿泰還是一點長進都沒有，有一次兩個人一起去找人談生意，出來後我眞爲有這樣的朋友而覺得羞愧，阿泰的身體語言太誇張了，談事情時搖頭晃腦，抬腿翹腳，拍手狂笑，令正經文靜的對方非常尷尬而不自在，怎麼做生意啊！」

阿泰人很不錯，也有不少其他優點，但修養、禮儀上的這些小問題卻帶給他如此大的負面影響。

有的人也許腰纏萬貫，但卻言辭粗鄙，舉手投足像個下里巴人；有的人口袋裡沒幾個錢，衣著打扮也非名牌，但就是舉止大方，氣度不凡，令人不敢小覷。

就以走路的姿態來看，有的人低頭駝背、無精打彩；有的人則挺胸抬頭，氣度軒昂；有的人左搖右晃或連蹦帶跳；有的人則端莊大方，沉穩幹練等等。同樣的道理，站姿、坐姿、吃相、著裝等無一不向別人傳遞著你的修養品味、性格學識等多方面的資訊。

21 開口商借

借東西是一種技巧，借到了是一種資源分享，借不到是一種尷尬。

人的一生當中，難免會遇上周轉不靈的意外，需要向親朋同事開口商借。雖然現今銀行放貸條件寬鬆，向銀行申貸非常方便，但利率極高，基於能省則省的考量，不需要利息的借貸還是對自己最有利的方式。不過，爲什麼同樣找親友疏困，有的人能使物主樂意相借，而有的人卻猛碰釘子？除了平日的信譽、待人是否熱誠等原因外，這和商借者語言表達的恰當與否也有密切的關係。所以，當我們向人家借東西時，說話要注意幾點：

（1）用商量的語氣：

向別人借東西時，說話語氣一定不能太強硬，負面的話更是一句也不能出口，要知道是自己有求於人。比如孩子意外手術，現金存款又不足，只能向人借，這時可以說：「我的孩子病了，還缺住院費五萬元，不知您手頭寬綽不寬綽？下月領薪水就還您。」用這種商量的口氣，只要人家手裡有錢，是不會不幫忙的。借東西時說話一定要用商量的語氣，這樣才能使對方感到你有求於他而且尊重他，他才肯幫助你。

（2）說明歸還時間：

向別人借東西時，一定要說明歸還時間，並且準時歸還。比如與同事一起去逛街，看上了一條新款裙子，想買下來，剛巧皮夾裡錢不夠，可向同事說：「怡君，請借給我五百元，明天一早上班還妳。」說明了歸還時間，使人家感受到借出的錢有了會還的保障，所以會放心地借給你。

（3）說話要誠實：

向別人借東西要說實話，不能為了要借得容易而編假話騙人。比如借錢時明明知道近日還不了，為了使人家願意借，就說：「過幾天就還。」或說：「明天就還。」結果沒有如期歸還，人家就會把你看成不守信用的人，下次要再借就難了。而且不要隨便改動商借的內容，一開始說借兩千元，等人家答應了又改說是要借五千元，這會使借主感到爲難的。

（4）借不到時，不要說氣話：

向人借東西，總有不能如願的時候，不能因爲人家不借，就說出不禮貌的話。對方通常是眞的有困難才無法出借，不必要爲了借東西的事大傷和氣，賠上雙方的情誼。借錢不成時，如能對人家說：「我知道你手頭也不寬綽，我再到別人家看看。」表明自己體諒的心，友情也不會變調。

（5）運用求借語要因人而異：

關係好的不妨隨便一些；知心朋友更應當直截了當，以免讓對方感到「生分」；若是一般朋友，關係平常，不妨來個「曲線求借」，先試探一下，然後根據對方情況隨機應變。比如借錢吧，老朋友之間就可以這樣表達自己的意圖：「喂，這兩天手頭緊借點錢用用！」若是一般朋友，你不妨這樣說：「唉，這幾天錢得兇，買這買那的，離月底還有十多天，這日子過得眞緊！」

若朋友能悟出你的意思，主動提出幫助你，那你再說借款數字；若對方也跟你一樣，大談錢如何如何不夠用之類的話，這時請你免開尊口，因為，對方的意思很明顯：他不想借或真的借不出。

22 輕諾必寡信

「輕諾必寡信。」路遙知馬力，日久見人心。多輕諾必多虛僞，久而久之，人或對之「敬」而遠之，或採取「冷處理」，陷他於孤立的境地。

著名的美國總統林肯先生在他的處世上有一條原則：「不輕易許諾，許諾後一定兌現。」這條原則伴隨著他的一生。

一天，林肯正在自己開辦的律師事務所裡清掃房間。這幾個月來，生意一直不好，林肯心裡很著急，如果這種狀況繼續下去，那麼，這個事務所離關門也就不遠了。

正在這時，一個滿面愁容的婦人走了進來，「哎呀，先生，您是這兒的律師嗎？」

林肯答應著，請她坐下，讓她安靜一下。

婦人懼怯、悲憤的心情流露在眉宇間，看上去，她很焦急。她如泣如訴地訴說自己的委屈。她的小兒子阿姆斯特丹誤交損友，整天與他們廝混，還把他們當成至交，其中一個名叫福爾遜的，別人借了他的錢，他要阿姆斯特丹與他一起去討債。

一天晚上，他們倆趁那人剛從酒店裡喝得醉醺醺出來，把他劫到一個僻靜處，由阿姆斯特丹把風，福爾遜「審訓」那個人，向他索要錢財，那個人聲稱自己沒有錢，福爾遜一氣惱撿起一個酒瓶子便使勁砸下去，誰知，竟將那人砸死了。後來，福爾遜主動投案，誣陷阿姆斯特丹是殺人兇手，警方對此深信不疑，即將判刑。

那個婦人又說自己跑了好幾家律師事務所，但沒有人敢出面受理，最後她說：

「先生，救救我的兒子吧！他是無辜的。如果官司打贏了，我可以付您十萬美元的報酬。」

十萬美元可不是個小數目，這使正處於拮据中的林肯簡直有點嚇呆了，可是他還是不停地來回踱著步，面冷如錢，不說一個字。

「先生，難道您不相信我的話嗎？」婦人有點失望。

「不，敬愛的女士。我首先想的是事實。事實，懂嗎？事實是律師的金子，事實是律師行路的拐杖。沒有事實，任何一個高明的律師也打不贏官司。所以，在沒有獲得事實以前，我只能是個牛啞巴。」

「先生，我不明白您的意思。」

「假如您說是一件事實，而且也有確鑿的證據證明它是事實，那麼，事情就成功啦，您的兒子就有救了。」

女人凝噎片刻，才說：「先生，您的穩健、智慧，使我看到了生命的希望。」

林肯跋山涉水，歷盡艱辛，尋找與案子有關的線索，最後憑藉鐵的事實、超人的智慧和雄辯的口才，拯救了阿姆斯特丹，贏得了這場眾所周知、幾乎已成敗局的官司的勝利。因此，林肯贏得了眾人的尊敬和信任，他的事務所的生意也日益好起來。

23 插嘴很不禮貌

打斷他人的言談，不僅是不禮貌的事，而且事情也不易談成。

許多人過分相信自己的理解和判斷能力，往往不等別人把話問完，就中途插嘴，因此常發生誤會。這種急躁的態度，很容易造成損失，不只常會弄錯問話意圖，中途打斷對方，也有失禮貌。

當然，在別人說話時一言不發也不好，對方說到關鍵精采的時刻，語畢，你只看著對方沒有回應，對方定會感到尷尬，以爲沒有說清楚而繼續說下去。

有些人在別人說話時，唯唯諾諾，彷彿都聽進去了，等到別人話說完，卻又問道：「很抱歉，剛才你說些什麼？」對他來說，也許只是一時心不在焉，漏聽了重點，卻是件對說話的人很失禮的事。

傾聽對方說話的神情也很重要，聽別人說話時，眼睛卻望著地下，或嘴巴微張著發呆，甚至重複發問好幾次，都會給人留下不好的印象。

人們常會輕率地問：「剛才這個問題的意思，能解釋一下嗎？」或者不經大腦就說：「我不太了解剛才這個問題的意思。」這些話都不算得體，你不妨這樣表示：「據我聽到的，你的意思是否這樣呢？」

即使眞的沒聽懂，或聽漏了一兩句，也千萬別在對方話說一半時突然提出問題，等到他把話說完，再提出：「很抱歉！剛才中間有一兩句你說的是……嗎？」如果你是在對方談話中間打斷，問：「等等，剛才這句話你能不能再重複一遍？」這樣，會使對方有一種受到命令或指示的感覺。

俗話說：「聽人講話，務必有始有終。」但是能做到這一點的人卻不多。有些人往往因爲疑惑對方所講的內容，便脫口而出：「這話不太好吧！」或因不滿意對方的意見而提出自己的見解，甚至當對方有些停頓時，便搶著說：「你要說的是不是這樣……」由於你的插話，很可能打斷了他的思路，要講些什麼他反而忘了。

中間打斷對方的話題是沒有禮貌的行爲，有時會產生不必要的誤會，說不定對方會想：「那麼你來講好了。」

在喜宴、同學會上，有時會看到好久不見的朋友正和另外一個不認識的人聊得起勁，此時，便想加入他們，和朋友敘敘舊，也聽聽他們到底在講些什麼。

但是，一方面不知道他們的話題是什麼，冒然地加入會令他們覺得不自然，也許因此而話題接不下去，到後來場面氣氛轉爲尷尬，而無法收拾。此時，大家一定會覺得你很沒禮貌。

如果碰到這種情況，最好等他們說完再過去找朋友，即使眞有事必須當時告訴他，給一些小動作暗示，他自然會找機會過來你這邊。

有一點要注意，不要靜悄悄地站在他們身旁，好像在偷聽一樣，盡可能找個適當機會，禮貌地說：「對不起，我可以加入你們嗎？」或者，大方地、客氣地打招呼，請朋友介紹一下，就能很自然打破這個情況。千萬不要打斷他們的話題，也不要製造尷尬的氣氛。

24 決不說三道四

生活中一個大嘴巴的、愛亂講話的人總是遭人厭惡。

人之所以會喜歡到處傳八卦，與人論是非，其主要動機不外乎下列幾點：

（1）可以借由別人私底下的一些不當言行，來突顯出自身的優越。

（2）借著將大量的時間與精力，花在討論別人的隱私上，來逃避自己在生活上所必須面對與處理的難題。

（3）借助隨時握有他人甚感興趣的最新小道消息，來向他人展示出自己是一個消息很靈通的人，並且，以給予他人最新獨家的消息，來滿足自己駕馭他人的能力。

因此，若有人想要向我們索問相關消息的時候，他們也可能必須以施予小惠的方式，才能換得一些他們想知道的八卦消息。

然而，這些思想行爲都是不好而且不對的，當意識到自己有行爲不端或犯了錯誤時，就應該改正自己的行爲，而不是利用挖人隱私的方式，來掩飾自己內心的不安與罪惡感。

對於觀賞或閱讀充斥八卦的電視節目及報章雜誌是百害而無一利的，相反地，可以改成閱讀一些可以激勵自己成功的名人傳記和相關的報章雜誌，便可慢慢地改掉喜歡東家長西家短的壞習慣。增強自己的自制能力，是改掉喜歡愛說三道四這個壞習慣最直接的方法。

25 勿觸隱私

交淺而言深，既爲君子所忌，亦爲小人所薄。

人際溝通專家指出，如果一個人老是喜歡追問別人的不幸或者隱私，往往就會變成不受歡迎的人。所以除非是涉及到工作上的問題並且你打算承擔全部的責任，否則最好不要挖別人的隱私。即使是朝夕相處的同事，也應該儘量尊重人家的隱私。有時，旁人過度的關心反而會幫了倒忙。尤其是當一個人正在承受痛苦時，通常他可能需要的是療傷的時間和空間，也就是希望自己能夠靜靜地待一會兒。在這個時候沒有什麼比在他們耳邊嘮嘮叨叨更叫人心煩了。

西方有一句很精彩的諺語「Curiosity can kill the cat」，也就是說好奇心是致命的，會死人的。在東方人們也常說「打聽天機的人，易遭人怨；洩露天機的人，易遭天譴」。現今由於流行聊天室、即時通等網路交友以及直銷、電話行銷等面對面交易，有些人會在初識對方時，就詳細地詢問別人的生日喜好或者家庭情況。有的人認爲這是辦事情、結交陌生人的好方法、好手段。因爲他們相信，一旦一個人把比較私人性質的事情告訴你的話，就會對你產生特別的依賴和信任，眞的是這樣嗎？

的確，要跟一個人建立比較親密的關係，最直接的辦法就是分享他的秘密。有些人爲了達到這個目的而使用各種手段，他們爲你算命，請你塡表做心理測驗的遊戲，也用他們的秘密來交換你的秘密，甚至用「假秘密」交換你的「眞秘密」。

但事實上，這樣所建立的，並不是健康眞誠而且能長長久久的人際關係。雙方信任度不夠時，每個人在說出秘密之後，都可能很不安心，漸漸地新建立起的友情反而變得尷尬，在雙方跨入更深一層的關係之前就疏遠了。

別人的隱私我們沒必要知道，自己的隱私也沒必要去告訴別人，適當的距離是人際交往最需要把握的尺寸。

人都是佔有慾很強的動物，你想佔有別人，別人也想佔有你，最好的生活方式和秩序就是彼此之間達成共識，互相不侵擾對方。

26 不揭傷疤

人的傷疤揭不得，若揭而不怒者，除非他是傻子或瘋子。

暴露自己的隱私，對任何人來說，都不是令人愉快的事。不去提及他人平日認爲弱點的地方，才是精明人待人應有的禮儀。尤其是身體上的缺陷，事出無奈，千萬別用侮辱性的言語攻擊他人身上的缺陷。

在中國素有所謂「逆鱗」之說，即使再馴良的龍，也不可掉以輕心。龍的喉部之下約直徑一尺的部分上有「逆鱗」，全身只有這個部位的鱗是反向生長的，如果不小心觸到這一「逆鱗」，必會被激怒的龍所殺。其他的部位任你如何撫摸或敲打都沒關係，只有這，一片逆鱗無論如何也接近不得，即使輕輕撫摸一下也犯了大忌。

所謂的「逆鱗」就是我們所說的「痛處」，也就是缺點、自卑感，每個人身上多多少少都有「逆鱗」存在，在人際關係的發展上，我們有必要事先研究，找出對方「逆鱗」所在位置，只要我們不觸及對方的「逆鱗」，避免有所冒犯，也就不會惹禍上身了。

第三章

兩性家庭

3

27 大方讚美

良言半月三冬熱，惡語傷人六月寒；一句良言也許可以改變你一生的命運。

讚美對於一個女人來說，非常重要，因爲女性常以情感來體驗生活。作家里昂梅爾遜和他的妻子夢絲是在二月二十三日結婚的，里昂說：「我永遠不會忘記我們結婚的日子，因爲那是在華盛頓生日的後一天。」但他的新娘卻說：「我永遠不會忘記華盛頓的生日，因爲那是在我們結婚的前一天。」

舉世公認的浪漫情人法國男人們，很習慣讚美女人的衣著裝扮，而且見一次面不會只讚美一次，而是一想到一注意到就讚美，這是因爲他們的教養，懂得讚美的重要。

讚美對於家庭婚姻的幸福也是不可少的。妻子或丈夫在適當的時候，說些讚美、鼓勵對方的話，也就無異於時時爲婚姻增加保障。

有一天晚上，皮爾爵士和他年老的妻子同赴倫敦一個戲劇界的宴會。一走進會場時，他就被一大群美人包圍了，大家都想給這個偉大的評論家一個好印象。然而，爵士卻轉頭對挽著他手臂的夫人說：「親愛的，讓我們找個清靜的地方坐下吧，今晚你看起來是這樣漂亮，我只想單獨和你聊天！」

在這種場合裡，大名鼎鼎的爵士對年老的妻子有這樣一番讚美，無疑地，他們的婚姻生活是令人羨慕和讚歎的。

兒童得到鼓勵和讚賞，對於學習成長和未來發展，就如得到一塊自信的基石一般。因爲人在童稚時智慧、身材、膽識和勇氣都還弱小，所會遭遇到的挫折與失敗卻不下於成人，他們特別需要信心的建立，哪怕一丁點誠懇的讚賞，都能漸漸地幫助孩子培養出良好的個性、氣度，受用終生。

有位年輕母親分享令她心痛的一件事：

她的孩子常常因做錯事而受到她的責備。有一天，孩子一點錯誤都沒有犯，到了晚上，她催孩子回房上床，轉身離開，突然聽到孩子的哭泣聲，她回過身，見孩子正把頭埋在枕頭中，在抽泣中問她：「難道今天我沒有做一個好孩子嗎？」

這一問就像觸電一樣震動了媽媽全身，年輕的母親想到，當孩子做了錯事時，自己總不放過機會糾正他；但當兒子極力往好的方面努力時，做媽媽的卻沒有注意到，連一句表揚鼓勵的話都沒說過。

28 甜言蜜語

該說的話不說，不該說的話偏偏常常說，夫妻感情怎麼會好？適度地說些情話，是對枕邊人的體貼。

人與人的交談中總帶有一些廢話：陌生人見面有禮節的客套，客人見面要寒暄一番，批評的話常常用委婉的說法表達出來……這些看來無關緊要的「廢話」卻是人際交往中不可缺少的工具。

妻子回到家，推開門，丈夫劈頭就問：「怎麼這麼晚才回來？」而妻子也許遇上了不順心的事，已經是急匆匆地趕回家來的，一聽這話就火了：「我是晚回來又怎樣？」丈夫也怒氣上身了：「我問錯了嗎？我問你怎麼會這麼晚才回來，有什麼不對？」

的確，單單把丈夫的話寫出來分析，是沒有什麼不對，他要了解一下妻子晚回來的原因，其中包含著關心的意思。那麼，問題出在哪裡呢？讓我們來看看，要是給這些話加上點無關緊要的「廢話」，效果會怎麼樣。

丈夫說：「阿玲，你回來了！今天好像晚了點……」其實，你別問下去，妻子就會說明晚歸的原因了。同樣問詢晚歸的原因，加了幾句多餘話，卻讓人感到親切和體貼。

同樣，如果丈夫那句直率的問話已經出口了，妻子在回答時注意加上一、二句無關緊要的「廢話」，比如說：「你瞧，我這不是回來了？」或者「眞對不起，你很擔心吧？」這樣，兩個人也不致於吵起來，即使妻子不忙解釋原因，丈夫焦急和不耐煩的心情也能緩解了。

對於這種近乎於婆婆媽媽的事，做丈夫的往往很不在意。比如：

丈夫趕著要上班，溫柔細心的妻子反覆叮嚀：「中午飯後別忘了吃藥」，「下午會變天，帶件外套再走。」丈夫不耐煩地說：「你有完沒完？嘮嘮叨叨的」，試問，妻子這時會怎樣想？妻子自然會感到傷心和委屈。

再如，丈夫下班回到家裡，帶回妻子交待該買的菜，幫著太太拖地整理客廳。妻子問什麼他答什麼，一言兩語、乾淨俐落。可是，妻子總覺得還缺少點什麼，同姐妹們嘮家常時，不無埋怨地說：「我那口子老實得像塊木頭，三拳頭打不出句話來。」原來，妻子內心在期待著丈夫除了講這些最「實用」的話之外，再加一些溫存的「情話」。

情話似乎是無關緊要的「廢話」，這種「廢話」用術語來說，叫做「冗餘度」。

人們在戀愛的時候，需要許許多多這類冗餘的話。一言一語，一舉一動都充滿著只有對方才體會到的情意。可是，在婚後夫妻交往中，對這種冗餘度的要求減少了，從個人的感覺來說，既已成夫妻，再說那些「年輕人」的熱情的話似乎有點不好意思。夫妻間事務性的「正經話」越來越多，含情脈脈的「情話」則越來越少。時間一長，必定會感到失去了什麼，逐漸產生「家庭是愛情的墳墓」之感覺。

從戀愛到結婚乃至家庭生活的不同階段中，對語言交往冗餘度的要求並不是一成不變的，注意一下其中的變化有助於夫妻間保持親密和諧的關係。

例如，丈夫不慎遺失了一千元，回家告訴妻子。妻子既感到可惜，又埋怨丈夫不謹慎，不禁叨嘮起來，從丈夫平時粗心大意的作風講起，舉了日常生活中許許多多實例，叮囑丈夫下回要把錢放好……，這種批判也可以說是冗餘度的一種，這時候，冗餘度太大還不斷地重複，聽的一方哪受得了，最後，免不了要吵起來。

其實，當夫妻一方有了過失並已認識到了的時候，另一方不僅不能有過多的冗餘，而且還應該要盡可能簡略一些。設想一下，丈夫丟了錢，妻子聽了後，就簡簡單單說一句：「丟了就丟了，不過，你亂放東西的習慣是得改一改。」這句話既把批評的意思講了，又充滿著對丈夫的信賴和體貼，充分尊重了他的自尊心。這時丈夫也必懊惱和反省，妻子只需點一點，就足夠引起他的重視了。

29 正面表達情緒

在兩性互動中，女人常以感覺作爲判定感情的條件，希望男人能主動發覺自己的需要，關心自己照顧自己，但男人摸不清女人的心意，想付出卻搞錯方向。

女人必須了解她應該先直接表達自己的需求，而且是不帶怨言地表達。女人需要重複感到男人是非常願意爲她伸出援手的，如果她先有所埋怨或先表現出不滿，然後才提出要求，通常男人會覺得莫名其妙被責備。

比如，說：

「我們從來不出去玩。」

「我們很久沒有做些有趣的事了。」

「老是做同樣的事對我已經厭煩了。」

就不如說：

「你下星期陪我去聽音樂會好嗎？」

「這個週末讓我們找些好玩的事做。我們到野外去烤肉吧！」

「我們這個週末到海邊去玩好不好？」

女人如果能學著以正面的方式表達她的需求，男方才容易積極地回應，愉快地接受。她才能發展出男女關係中最重要的交往技巧。

30 讚美中給意見

一味和顏悅色地鼓勵對方，並非和睦相處最好的方法。有時在對話中加入一些意見，反而使對方產生被重視的感受。

有一位中年男子，最近終於娶得一位年輕美麗的嬌妻，每到吃晚飯時，妻子總會體貼地問他：「今天的菜如何？」爲了不使妻子失望，他都回答：「很好吃！」妻子往往仍不滿足，繼續追問：「眞的好吃嗎？難道沒有別的話可說？」這事使這位中年男子深感困擾，不知如何應對。

後來，朋友教他：「給妻子少許的意見，就是最好的答案。」於是回家後，他便大膽地嘗試。當妻子再次問他菜餚是否美味時，他立刻回答：「好吃！不過鹹了些。」果眞，妻子聽了之後，不但沒有生氣反而非常地欣慰，因爲這句話顯示了丈夫對她的重視。

31 分憂解勞

在女人心情低落時，男人不必慌亂，適當地給予安慰即可。

當女人心情不好時，最需要的就是男人的愛。

當女人感覺到有人在背後支持她，心情容易因此慢慢轉好，雙方即可渡過短暫的低潮。當女人心情不好時，男方一定要用適當的語句給予安慰，千萬不能慌不擇言，讓對方有火上加油的感覺，下面就一些比較具體的場景加以說明：

（1）當女人心煩意亂時：

她會開始抱怨她的生活，男人這時只要傾聽她的抱怨，別不理她，等她說完她所必須做的事後，男人不用幫她尋求解決方案，她真正需要的是讚美。

如果她說：「我沒時間出去，我有好多事要做，做不完了。」

這時，男人不能說：「那就別做這麼多事，你應該好好休息，放鬆一下。」

而是應該說：「你眞的有好多事要做。」然後，體諒地聽她細說每一件事。聽她說完後，主動問她是否需要幫忙。

（2）當她擔心男方不夠愛自己時：

她可能會開始問很多問題，有的關於他們之間的關係，有的則是關於他的感覺。例如他有多愛她，或他覺得她的身材如何等問題。這時候，不需要爲這些問題尋求理智的答案，因爲她只是想確定一些事實罷了。

例如，如果她說：「你覺得我胖嗎？」

男人不能回答：「是啊，你是沒有模特兒的身材，可是模特兒都是餓出來的。」或「你不需要這麼苛求自己，我不在乎你的身材。」而是應該說：「我覺得你很美，而且我喜歡這樣的你。」然後給她一個擁抱。

如果她說：「你覺得我們相配嗎？你還愛我嗎？」

男人不該說：「我覺得我們還有些方面必須再溝通。」或「你還要問幾次？這個話題我們已經討論過了。」

而是最好這樣說：「是啊，我好愛你。你是我生命中最特別的女人。」或「我越了解你，就越愛你。」

（3）當她覺得怨恨：

通常，當女人心情愉悅，她會付出更多，同時也希望得到更多的回報。當她發現她付出的遠比她所獲得的要多，而且她心情正好又處於低潮時，她會產生怨恨的感覺，對象有可能是伴侶、工作、生活、父母，甚至交通狀況。男人在這時候千萬別指責她，罵她想法太負面或不講理，也不要嘗試立即把她從這些情緒中拉出來。

如果女人說：「我討厭我的主管，他對我要求太多了。」

男人千萬別說：「他可能不知道你已經做了很多事了，他只是希望你能有最好的發揮。」或「你應該告訴他你的負擔夠大了，直接拒絕他。」

你可以說：「他不知道你做了這麼多事，他到底想怎樣？」然後，聽她抱怨。

如果一個女人因為某件事而產生怨恨的感覺，她最不希望的就是對方將那件事看得一點也不重要，反而認為她小題大做。她需要的是把事情說出來，發洩一下她的情緒，希望對方跟她站在同一戰線上。這也就是親密關係的意義所在，她希望對方是她的親密盟友。

女人希望與男人分享完全的自己，需要知道自己是被深愛著的。

32 建設性爭吵

兩人共處的時間長了，就算是恩愛夫妻也難免會遇到不快的事，總有相互頂撞的時候，如果不想損傷對方的自尊心，你就必須學會說：「很抱歉」。

在日常生活中，我們有時會遇到這樣的情形：一些夫妻動輒發怒，事後又不分析原因，不設法解決；然而也有許多夫妻對彼此頗有微辭，卻一味忍耐，避免任何口角和衝突，以爲這樣子夫妻關係就會良好，這其實猶如婚姻上的「慢性自殺」。

回頭看看，相敬如賓的二人世界，關係的確「好」，但之間卻感受不到溫暖，也少有愛情的火花迸發。因爲他們忽略了這樣一個事實，所有的家庭都存在著一定程度的矛盾，你的配偶不可能每時每刻都對你充滿柔情蜜意，彼此希望滿足某些要求是合理的——只要這些要求不苛刻就行。

正確的做法應該是，既認識到偶爾的生氣和衝突是一種正常現象，又注意保護你應該具有的「權利」。

夫妻吵架無輸贏之分，誰是誰非不可能明明白白，有時只不過是做某一個「選擇」，而這個「選擇」往往來自一方的讓步。

懂得了吵架的藝術，夫妻就能雖吵猶親，愛情的鎖鏈也將越來越緊。怎樣才能做到這一點呢？

（1）允許對方偶爾生氣：

如果你能了解相互愛慕的一對夫婦將不免會有嫉妒、煩惱和生氣的事情發生的話，那麼當這些情緒來臨時，就不會驚慌失措，因爲這並不意味著他或她已經「沒有感情」了。也許你的配偶是因爲上司的緣故而情緒低落，沒有向你表示纏綿之情，但即使這暫時的不快不是你的過錯，你也應該問：「親愛的，我做了什麼事惹你生氣了嗎？」如果回答是否定的，你可以再問：「那麼，我能爲你分憂嗎？」如果對方不需要，你就不必打擾。要知道，這些問候是你給予的最好的安慰。

（2）以冷對熱：

以冷對熱的關鍵，就是你吵我不聽。在一方感情激動、控制不住自己的時候，任他發火，任他暴跳如雷，不去理睬他。「一隻巴掌拍不響。」一個人吵，就吵不起來，等他情緒平和以後，再和他慢慢說理，他就容易接受。

（3）說話要有分寸：

即使忍不住爭吵，說話也要有分寸，不能說絕情話，不能譏笑對方的缺陷或揭對方的「傷疤」，更不能在一時氣憤之下，不計後果，破口大罵。比如有人吵架時言語不留餘地，說出：「你是不是問得太多了？」、「我要你怎麼做就怎麼做！」、「你受不了可以走啊。」等等，這類話咄咄逼人，很容易引發更大的衝突。

（4）直接表達自己的期望：

如果想表達自己某種強烈願望，最好直說「我想……」。比如妻子責怪丈夫好久未帶自己上餐館，她就不妨直說：「我想今晚到外面吃飯。」而不要說：「你看大偉每周至少帶妻子上一次飯店，而你呢？」

（5）就事論事：

爲了哪件事吵，談清這件事就行了，不要「翻舊賬」，也不要無限擴大。不要隨便給對方扣什麼「自私」、「不可救藥」、「卑鄙無恥」等帽子，否則，就把事情弄得太嚴重了。另外，對事情也切忌擴大化，如果從這件事又提及以前的事，從對配偶不滿又拉扯到對方的父母兄弟姐妹身上去，就會把事情弄得越來越複雜。

（6）主動退出：

不少夫妻在爭吵過程中，總有一種心理，就是都要以自己「有理」來壓服對方，結果誰也不服誰，反而越說越有氣。其實，夫妻之間的爭吵，一般沒有什麼原則問題，許多是是非非糾纏在一起，也不易分清，特別是在頭腦發熱、情緒激動時更不易講清。如果爭吵到了一定時辰和一定程度，發現這樣下去還不能解決問題，那麼有一方就要及時剎車，並提示對方休戰了。這並不是屈服、投降，而是表示冷靜、理智。比如可以用幽默打破僵局，或者乾脆嚴肅地說：「我們暫停吧！這麼吵也解決不了問題，大家冷靜點，以後再說。」之後，任憑對方再說什麼，也不再搭腔。

33 誠心道歉

道歉伴隨著戀愛的整個過程，而學會了其中技巧，也就懂得一半解破女人的方法。

男女間愉快地相處，從戀愛到順利地訂婚、結婚，必須練習兩大技巧：道歉與原諒，這兩種技巧就像飛鳥的雙翼，沒有它們，愛的飛鳥就無法飛翔。道歉與原諒是相輔相成的。當一方勇於道歉時，另一方要原諒就很容易；當一方常常心胸寬大地原諒對方，對方自然願意誠心地道歉，如果一個男人知道他不會被原諒，道歉對他來說自然是多此一舉了。

以下是幾點向女人道歉時的建議：

（1）先說你很抱歉：

當你先說你很抱歉的時候，表示你願意開放你的耳朵聽她的抱怨。簡短地向她說你抱歉的原因，不要做任何解釋，越簡短效果越好。

（2）認眞傾聽她的反應：

當你說抱歉，表示你關心她的感受，願意聽她表達她的感覺。一旦她表達完了，千萬不要想解釋或和她爭辯。如果她還有更多話要說，就讓她說個夠，如果沒有，就可以採取第三個步驟。我們知道聽女人抱怨不是件容易的事，只要你盡力而爲就好，畢竟一時的忍耐可以避免幾個禮拜的不愉快。當女人心情不好，她希望對方能夠了解那種感覺。

（3）用負面形容詞進行解釋：

當你犯錯了，請記得用負面形容詞描述你所犯的錯。以下是幾個以負面形容詞描述的例子，讓我們看看女人會有什麼樣的感覺。

當你說：「很抱歉我遲到了，我眞是太不體貼了。」

她會覺得：「沒錯，你眞的很不體貼。既然你知道我的感覺，我心裡就好過多了。只要不是每次都遲到就好了。你不需要凡事完美，只要你有想到我在等你就好，沒什麼，我原諒你。」

當你說：「很抱歉你在宴會中受到冷落，都是我太不體貼了，這是很糟糕的事。」

她會覺得：「對啊，你眞是太不體貼了，但是你能夠了解就表示你不是眞的那麼糟糕。我想你並不是故意要在宴會中冷落我的，我願意原諒你。」

當你說：「我很抱歉說了不該說的話，我太容易生氣了。」

她會覺得：「你在氣頭上，所以根本聽不進我說的話。我想我也有錯，至少他是在乎我，所以試著聽我說話，我應該原諒他。」

在以上幾個例子當中，男人用幾個負面形容詞：不體貼、容易生氣的、糟糕的。女人對於男人用這些形容詞來道歉，永遠不嫌煩。就像男人聽到：謝謝你，很有道理，好主意，感謝你的耐心這些句子，也永遠不嫌煩一樣。

男人必須使用適當的字眼向女人道歉，才會奏效。而女人在原諒男人時也是有方法的。以下是一些例子：

當他說：「很抱歉我遲到了，我實在太不體貼了。」

妳應該說：「沒關係，下次再打電話給我吧！」

當他說：「很抱歉你在宴會中受到冷落，都是我太不體貼了，這是很糟糕的事。」

妳應該說：「沒什麼，只要知道你不是故意的就好了，我相信你會補償我的」；

當他說：「我很抱歉說了不該說的話，我太容易生氣了。」

妳應該說：「謝謝你，你不需要說這些，你能試著去了解我的想法，我就很感激了。」

當一個女人以上述表達方式原諒對方，可以避免激怒男人，並使他更有責任感、更體貼她的需要。

如果男人的道歉都能得到對方的原諒，他會越變越體貼。

而女人如果能夠體會寬容原諒的力量，她可以拋開那些使她怨恨的小事，不讓這些小事在她心中累積，反而變得更關愛對方。

34 詞要達意

自己認爲是一句妙語，可說出來也許令聽者很掃興，其結果當然使自己難以下臺階，爲什麼會產生這種結果呢？就是語意被誤解。

阿偉打算爲新交的女友小蘭買件生日禮物。他們交往時間不長，經過仔細考慮，認爲送一副手套最恰當不過，既浪漫又不顯得過分親昵。

下午，阿偉去百貨公司爲女友買了一副白色的手套，請女友的妹妹小麗轉交給姐姐。小麗自己買了一條內褲，回家的路上，小麗把兩件物品弄顛倒了，結果送給小蘭的禮物變成了內褲。

當晚，阿偉一回到家裡就接到了小蘭的電話：

「你爲什麼買這樣的禮物送我？」

沒有聽出來對方的怒氣，阿偉的興致高昂，說起話來空前流利，根本不等小蘭說完：

「小蘭，我之所以選了這件禮物，是因為據我觀察，晚上妳和我出門時總是沒有用它，我沒有為你買長的，因為我注意到小麗用的是短的，很容易脫下來。它的色調很淺，不過，專櫃小姐讓我看她使用的同款商品，她說已經三個星期沒洗了，但一點都不顯髒。我還讓她當場試了試你的，它看上去好看極了……」

「神經病！」

等待誇獎的阿偉猛然聽到這三個字，當下錯愕，愣在那裡說不出話來……

為什麼戀愛的雙方會有誤會？粗心的小麗固然有一定的責任，但是當事人雙方交談不明確恐怕是主要原因。在電話中，雙方都以為自己話中的「禮物」非常明確，所以，都沒有說出來，結果鬧出了笑話。

社會是由形形色色的人所聚集成的，每個人的立場不同，工作性質也不一樣。在這眾人聚集的工作場所裡，總會發生一些意想不到的誤解，甚至是摸不著頭緒的糾紛。

當遭人誤解時，工作要進行就會困難重重，夫妻生活也會失去和諧，不但是自己的損失，還會影響到家庭的幸福，甚至團體的利益。

因。

所以，必須具備一套化解誤會的說話術。這裡首先談談造成誤解的幾種原因。

（1）言詞不足：

有的人不管是在表達資訊，或者說明某些事情時，常常在言詞上有所缺失，結果弄得只有自己明白，別人一點也弄不清眞相，這種人就是缺乏「讓對方明白」的意識，以致容易招來對方的誤解。比如，李大爺新買了一頭驢子放在家裡搬運貨品，不幸的是，不到幾天驢子就死了。由於李大爺正巧出城到京師辦事，於是管家派人帶信給李大爺：「驢子已死。再買一頭，還是等你回來？」李大爺一看氣得七竅生煙。如果改成「驢子已死。再買一頭驢，還是等你回來再買？」就不會鬧笑話了。

（2）過分小心：

有的人不管什麼事，都顧慮過多，從不發表意見。因此，個人的存在感相當薄弱，變得容易受人誤會。這樣的人總希望對方不必聽太多說明就能明白，缺乏積極表達自己意見的魄力。對於這種類型的人而言，含蓄並不是美德，這一點要深刻反省。

（3）自以爲是：

這一種人是頭腦聰明，任何事都能辦得妥當，但是卻經常自以爲是，我行我素。即使著手一件新工作，也從不和別人照會一聲，只管自作主張地工作。這麼一來，即使自己把工作圓滿完成，上司及周圍的人也不會感激。

（4）外表的印象不好：

人對視覺上的感受印象非常深刻，雖然大家都明白「不可以貌取人」，但是，實際上雙眼所見的形象，往往成爲評判個人的標準，這個印象可能是造成誤解的原因。如果讓周圍的人有了不好的印象，且造成誤解，若不早點解決，恐怕不好收拾。

（5）欠缺體貼：

縱然只是一句玩笑話，但若造成對方的不快，恐怕也會導致意想不到的誤解。甚至是一句安慰、犒勞的話，如果對方接受的方式不同，也可能變成誤解。因此，在說話之前，一定要先考慮對方的狀況以及接受的態度。

那麼，怎樣才能儘量使自己的話不被誤解呢？

（1）勿隨意省略主語：

從現代語法看，在一些特殊的語境中，是可以省略主語的。但這必須是在交談雙方都明白的基礎上，否則隨意省略主語，容易造成誤解。

一個周末午後，百貨公司男飾部裡，一個年輕人正急急忙忙地挑帽子，專櫃小姐拿了一頂給他，他試了試說：

「大，大。」

專櫃小姐便找出小一號的帽子，一連換了四五種尺寸的帽子，他都嚷著：

「大，大。」

最後，專櫃小姐生氣了：

「已經是最小號了，你爲什麼還嫌大？」

年輕人結結巴巴地說：

「頭，頭，我是說我的頭太大，要大一點的帽子。」

專櫃小姐無言以對，旁邊的顧客紛紛轉過頭竊笑。造成這種狼狽情況的原因，就是這位年輕人省略了他陳述的主語：「頭」。

（2）注意同音詞的使用：

同音詞就是語音相同而意義不同的詞。在口語表達中脫離了字形，所以同音詞用得不當，就很容易產生誤解。如「期終考試」就容易誤解爲「期中考試」，所以在這不如把「期終」改爲「期末」，就不會造成誤解。

（3）少用文言和方言：

與人交談中，除非有特殊需要，一般不要太過文言，文言的過多使用，容易造成對方的會錯意及誤解，不利於意思的表達。

（4）說話時要注意適當的停頓：

書面文章要借助標點符號把句子斷開，以使內容更加具體、準確。在口語中我們借助的是停頓，有效地運用停頓，可以使你的話明白、動聽，減少誤解，有些人說起話來像開機關槍，特別是在激動的時候就不注意停頓了。

一位中年人在下班途上遇到一群剛看完電視球賽轉播的學生，問他們：「這場比賽誰贏了？」

其中一個學生興奮地說：

「中華隊打敗日本隊獲得冠軍。」

這位中年人迷惑了：到底是中華隊打敗了日本隊，還是日本隊獲得了冠軍呢？他只好再問另一位學生，才知道是中華隊勝了。所以，我們在與人交談時，一定要注意語句的停頓，使人明白、輕鬆地聽你談話。

35 斬斷情絲

被人所愛原是一種幸福，但被不喜歡的人纏住，那是不勝其擾。拒絕求愛要狠心地說出，輕輕地撫平，猶豫只會使彼此傷得更深。

被愛是一種幸福，只要愛你的人正是你所愛的人。但是，假如愛你的人並不是意中人，或者你一點也不喜歡他，就不會覺得被愛是一種幸福了，你會反感甚至是痛苦，這份並不需要的愛就成了精神負擔。

別人愛你，向你求愛，他（她）並沒有錯；你不歡迎，拒絕他（她）的愛，你也沒錯。關鍵的是看你怎樣拒絕，如果拒絕得恰到好處，對雙方都是一種解脫，也可以免去許多麻煩。如果你不講究方式，沒有恰到好處地拒絕對方，可能犯下錯誤，不但傷害了對方的心，自己也痛苦。

長輩安排的相親，你也許曾經有過這樣的左右爲難，因爲對方並沒有使你心動，你甚至覺得兩個人不相配也不適合，然而對方卻單方面認定了你。雖然每次見面都會使你感到不舒服、不愉快，但由於對方是上司介紹的，可能是上司的子女，一想到對方的身份、上司的威嚴，想要謝絕往來的話完全說不出口。有時候，也許是爲了顧全對方的面子而難以開口說個「不」字，或者懾於對方的主動，你不知所措，被這份多餘的愛折磨得痛苦不堪，不知該如何去做。

怎樣對愛你的人說出你對他沒有同樣的感情，並在不傷害對方的情況下，使他接受這個事實呢？

拒絕求愛的方法有多種，但可以口頭交談，是最需要勇氣和智慧的一種，以下幾點技巧，可以供參考：

（1）直言相告，以免誤會：

你若已有意中人，又遇求愛者，那麼就直接明確地告訴對方，你已有愛人，請他另選別人，而且一定要表明你很愛自己的戀人。同時，切忌向求愛者炫耀自己戀人的優點、長處，以免傷害對方自尊心。

（2）講明情況，好言相勸：

倘若你認為自己年齡尚小，不想考慮個人戀愛問題，那就講明情況，好言勸解對方。

（3）婉言謝絕：

倘若你不喜歡求愛者，根本沒有建立愛情的基礎，可以在尊重對方的基礎上，婉言謝絕。對自尊心較強的男性和羞澀心理較重的女性，適合委婉、間接地拒絕。因為有這類心理的人，往往是克服了極大的心理障礙，鼓足勇氣才說出自己的感情，一旦遭到斷然的拒絕，很容易感覺受傷害，甚至痛不欲生，或者採取極端的手段，以平衡自己的感情受創傷。因此拒絕他們的愛，態度一定要真誠，言語也要十分小心。你可以告訴他（她）你的感受，讓他（她）明白你只把他（她）當朋友、當同事或者當兄妹看待，你希望你們的關係能保持在這一層面上，你不願意傷害他（她），也不會對別人說出你們的秘密。

你不妨說：「我覺得我們的性格差異太大，恐怕不合適。」

「你是個可愛的女孩，許多人喜歡你，你一定會找到合適的人。」

「你是個很好的男人，我很尊重你，我們能永遠當朋友嗎？」

如果對方沒有直接示愛，只是用言行含蓄地暗示他們的感情，那麼，你也可以採取同樣的辦法，用暗含拒絕的語言，用適當的冷淡或疏遠來讓他（她）明白你的心思。

要記住，拒絕別人時千萬不要直接指出或攻擊對方的缺點或弱點，因為你覺得是缺點或弱點的東西，對自己或某些人也許並不認為是缺點。所以，不能以一種「對方不如自己」的優越感來拒絕對方。特別是一些條件優越的女青年，更不能認為別人求愛是「癩蛤蟆想吃天鵝肉」一推了之，或不屑一顧，態度生硬，讓人難以接受。

（4）冷淡、果斷：

如求愛者是那種道德敗壞或違法亂紀的人，你的態度一定要果斷。拒絕信要冷淡，對這類人也無必要斥責，只需寥寥數語，表明態度即可，但措辭語氣要嚴謹，不使對方產生「尚有餘地」的想法。

對嫉妒心理極強的人，態度不必太委婉，可以明確地告訴他（她），你不愛他（她），你和他（她）沒有可能，這樣可以防止他（她）猜忌別人。如果你另有所愛，最好不讓他（她）知道，否則可能加劇他（她）的妒恨心理，甚至被激怒而採取極端的報復行爲。

另外，對方在你回絕後，如果還依然來纏你，那麼你首先要仔細檢查一下自己的回絕態度是否明確和堅決，對方是否產生了誤解；其次可以向親友長輩求助，通過中間人出面勸說；如果對方威脅你，先不要害怕，及時告知雙方長輩，用溝通化解危機。

36 信守承諾

言必行，行必果，可體會到眞實自我價値。反之，遊戲人生，碌碌無爲，這何嘗不是一種遺憾呢？

一次八點二級的地震幾乎鏟平一座城市，在幾分鐘的短短時間裡，數萬人喪生瓦礫堆裡。

在一陣天崩地裂與混亂之中，有位父親將安全地安置好了他的妻子以後，跑到兒子就讀的學校，迎面觸目所見，校園竟夷爲平地面目全非。

看到這令人傷心的一幕，他想起了曾經對兒子作的承諾：「不論發生什麼事，我都會在你身邊。」至此，父親熱淚滿眶。面對看起來是如此絕望的瓦礫堆，父親的腦中仍記著他對兒子的諾言。

他開始努力地回想兒子每天早上到學校後奔跑的方向，記起兒子教室的位置，認出那幢傾倒的建築物，他跑到那兒，徒手在碎石礫中挖掘搜尋兒子的下落。

當父親正在挖掘時，其他的學生家長也趕到了現場，悲傷紛亂地叫著：「我的兒子呀！」「我的女兒！」由於餘震不斷，不時地天搖地動、沙石亂舞，有些好意的家長試著把這位父親勸離現場，告訴他「一切都太遲了！」「無濟於事的」「算了吧。」等等，面對這些勸告，這位父親只是一一向他們說：「你們願意幫助我嗎？」然後依然繼續進行挖掘工作，一瓦一礫地尋找兒子。

不久後，消防隊隊長出現了，也試著把這位父親勸走，對他說：「火災頻傳，隨時可能發生爆炸，留在這裡太危險了，這邊的事交給救難人員處理，回家吧。」而父親仍然只說著：「請你們一起幫助我？」

員警也趕到現場，同樣要求父親離開。這位父親依舊回答：「請你們一起幫助我？」然而，卻沒有一個人幫助他。

只爲了要知道親愛的兒子是生是死，父親獨自一人鼓起勇氣，繼續進行他的工作。

時間一分一秒地流逝，挖掘工作持續了三十八小時之後，父親推開一塊大石頭，隱約聽到了兒子的聲音。父親尖叫著：「阿曼。」他聽到了回音：「爸爸嗎？是我，爸，我告訴其他的小朋友說，如果你活著，你會來救我的。如果我獲救，他們也會獲救。你答應過我的。『不論發生什麼事，你都會在我身邊』，你做到了，爸！」

「你那裡的情況怎樣？」父親問。

「我們有三十三個人，其中只有十四個人活著。爸，我們好害怕，又餓又渴，謝天謝地，你來了。教室倒塌時，剛好形成一個三角形的洞，救了我們。」

「快出來吧！兒子！」

「不，爸，讓其他小朋友先走出去吧！因爲我知道你會來接我的！不管發生什麼事，我知道你都會在我身邊！」

37 糊塗家安

凡事太聰明不是聰明，忘我、糊塗才是機靈。個人利益置腦後，無私，一家和平。

有些人事事都要弄個明白，什麼事都要討個道理，這些人看似聰明，其實反被聰明誤了。世間並非任何事都能說清，家務事就永遠說不清，俗話說：「清官難斷家務事。」同理，世間並非任何事都有個說法，有個原則，如家庭的事就常找不到個說法，就沒有什麼原則。

處理家事的最好辦法就是裝糊塗！對待家庭糾紛的最大原則就是無原則！這就是治家的糊塗學，這就是糊塗治家的靈丹妙藥！反之，不以糊塗治家，而處處精明，處處講理，這樣的家庭十有八九會破裂。

其實，這正是中國傳統文化之精髓，中庸在家治中的妙用。《禮記》中說：「父子篤，兄弟睦，夫婦和，家之肥也。」說的正是這個道理。

凡人都有個人的利益，都有自己的個性，都有自己的習慣。人與人相處，利益不同便有衝突，或爲地位，或爲錢財；如若個性不同，一個好動，一個愛靜，定無法調和；習慣上更是如此。

若在社會上這種利益、個性、習慣的衝突可以協調。兩人爭一個處長的位置，一個上，另一個可以調走，在別處發展，戰火自熄。個性不同，不交友，淡而處置，上下班點頭而過。井水不犯河水，也不會有什麼難事。習慣不同在工作單位很難引起衝突，各吃各的飯，各穿各的衣，八竿子打不到對方。

但是在家庭生活中，若存在著利益、個性、習慣的衝突，那就眞是個大問題。如何才能使家庭和睦呢？

中國家庭生活中的親情原則，是一件好東西，應該代代傳承。在一個大家庭中若要維持好一個家庭，沒有一種克己、無私的精神是絕對不行的。

糊塗治家學宣導一種克己的治家原則正在於此。家庭中總是有衝突的。幾代人之間總是有矛盾的，這些衝突怎樣解決？這些矛盾怎樣調和？

用金錢顯然是不行的，因爲家庭不是市場，家庭內的人際關係並不是一種商品交換關係。用壓制？顯然也是不行的，家長說了算，不考慮後輩的時代已經過去。封建專制已成昔日的黃花。那麼，靠什麼呢？糊塗學說，只有靠克己靠無私。也就是說靠家內每一個成員對自己利益的克制，對對方的理解。

「克己」，「無私」，這似乎是上一時代的口號，在自私自利的當下似乎有點不合時宜，但糊塗學堅持這一條，並認爲這正是糊塗治家學的高明之處。在這方面，中國傳統文化有著深厚的文化資源供我們開發。

38 避免否定對方

如果常在言談中「否定對手，」則會令對方難堪、生氣，甚至產生言語和肢體上衝突。

小慧漂亮大方又有人緣，結婚當天賀客滿堂，眾人認為新郎新娘兩人「郎才女貌」，真是天作之合，一定可以永浴愛河，白頭偕老，而小慧也非常高興，擁有了如意郎君。婚禮進行時，小慧透過頭紗，偷偷地斜瞄了一下英俊體貼的老公，不禁感到欣喜與滿足，心想不久就將展開人生的新旅程。

不料，婚後一個月，小慧開始覺得生活上不盡如意，也不若婚前想像那麼如王子公主般美好。她過去習慣在如廁後，將衛生紙丟入馬桶旁的小垃圾桶，可是老公卻堅持可以丟進馬桶內沖掉。兩人竟為了這個小問題爭得面紅耳赤。有次一吵吵了一個半小時，兩人各持己見、互不相讓時，老公竟然大男子主義地脫口而出：「說你錯了，你還不承認！？」小慧氣不過，委屈地跑回娘家住了兩天。

雖然小慧覺得老公很健談，有時說話也帶幽默，但是有時卻也令她感到很不是滋味。譬如，有一次，朋友來家裡拜訪，老公在聊天中竟對朋友說自己：「別的情侶、夫妻是彼此看對眼，我呀，我是看走眼了！」小慧聽了，氣得白他一眼，一個人走進廚房生悶氣。

儘管事後老公解釋說，那些話只是「開開玩笑」而已，但小慧覺得非常不舒服，不解爲什麼每次老公都是以「否定別人」來開玩笑？在家裡老是一副「只有他是對的」的樣子，動不動就說「你看你，這麼笨，連這麼簡單的事都不會」、「哎呀，你們女人不會懂的啦！」

人最怕莫名其妙地被人家「否定」，比如這句話——「說你錯了，你還不承認」，這不僅是「否定」，還是「雙重否定」，說的人自以爲是地洋洋得意，聽者怎麼不會怒氣衝天、恨意滿肚。還有更令人無法忍受的「三重否定」——「說你錯了，還不承認，你給我閉嘴！」如果再加上一句「你去死啦！」那就變成「四重否定」了；還有人更可惡，接著再說：「你去死啦，死了也沒有人幫你哭！」加碼到「五重否定」了。

其實，有些玩笑語的確是脫口而出，但是「言者無心，聽者有意」，玩笑式的「否定」說多了，聽的人情何以堪。尤其是「雙重否定」、「三重否定」，更是嚴重傷害對方的基本自尊，造成萬般委屈。

有對夫妻常常吵架，某天大吵過後，丈夫一氣之下住到賓館去，後來沉思反省後覺得有些理虧，打電話給太太：

「老婆啊，今天晚上做什麼菜等我啊？」

「我啊，我做毒藥等你！」

「噢，這樣哦，那你做一份自己吃就好了，我不回來了！」

原本能夠和好的機會，硬生生地兩個人被賭氣的話阻斷了。

批評人的人往往認爲自己是對的，被批評的人往往不認爲自己是錯的。那如果自願做那個「不對」的人呢？

美國心理勵志大師卡內基先生多次講到這個故事：

「在很多年以前，我所開設的成人教育班和示範教學課時，有一位紐約

《太陽報》的記者來採訪這些課程。他毫不給我留情面，不斷地在文章裡攻擊我的工作和我。我當時眞是氣壞了，認爲這對我是極大的侮辱，不能容忍。

後來我打電話給《太陽報》執行委員會的主席古斯·季塔雅，特別要求他刊登一篇報導，澄清事實眞相，爲嘲弄我的事道歉，我下決心要使這個無理的記者受到應得的處罰。

現在我爲當時的舉動感到慚愧。我如今才了解，買那份報紙的人大概會有一半人不會看到那篇文章，看到文章的人裡面又有一半會把它只當做一件微不足道的事情來看待；而眞正注意到這篇不利於我的報導的人中，又有一半會在幾個禮拜後就把這件事情忘得一乾二淨。」

卡內基由此得出一個重要的結論：雖然阻止不了別人對你做不公正的批評，但有件重要的事你做得到，決定是否要讓自己受到那些不公正批評的干擾。

美國總統羅斯福的夫人曾告訴過卡內基他在白宮的行事原則：避免所有批評的唯一方法，就是「只要做你心裡認爲是對的事——因爲反正是要受到批評的。做也該死，不做也該死」。

面對批評，在回應之時，要把握好以下原則，分辨出：哪些批評聽都不要聽，哪些批評需要禮貌性地應付，哪些批評是眞正有益於自己的。

美國心理學家馬斯洛的人格理論中，道出五個層次的個人「基本需求」：從最低階的「生理」、「安全感」、「愛與被愛」至更深人內心的「受人尊重」與「自我實現」；每個人都需要從他人言語中得到認同、肯定、讚美，增強「自我價值」感與「自我尊嚴」感。一味地批評、否定對方，既刺傷對方的自尊，更會對彼此的情感造成無可抹滅的裂痕。

39 嘮叨無益

感冒生病就算不吃藥，過段時間自然就會痊癒，犯了嘮叨的毛病則不然，一旦發作，將令全家人無法安寧。

有位母親爲了她十三歲的獨生子找上心理醫師，她很苦惱，希望心理醫師無論如何想辦法幫幫她的兒子。她說兒子很聰明（後來，測得他的智商很高），但學校成績卻總是不及格，成績單上關於學習態度以及同儕關係的評語也不好。母親抱怨說，兒子放學後一回到家就窩在電視機前面，任母親三催四請也不肯寫作業溫習功課，不是推說沒有作業，就是說在學校做完了。孩子的父親是一名駐外商務人員，時常外出旅行，和兒子關係很疏遠，把管教孩子的責任全推給妻子，因此也不了解她面臨的困難。

心理醫師對這孩子及家裡情況大致了解之後，就約他談談。初次見面，就感到他是個特別的孩子，不同於一般第一次見面的孩子，大部分的孩子都很拘束、靦腆、害羞，必須先花時間閒聊，以排除緊張羞怯的心情。但是這男孩見到心理醫師，就跳起來熱烈地握手，就好像醫師是他多年的老朋友似的，然後輕快地隨醫師走入辦公室，在醫師還沒來及開口問他時，已經開始滔滔不絕地說出他的問題。

他說：「醫生，您聽我說，您一定得幫幫我媽媽！我實在忍受不了，她再繼續嘮叨下去的話，我只好逃走。我不知道她對您說了些什麼，但是您知道嗎？她從早到晚嘮叨個沒完。我在家裡一刻都不得安寧。我在浴室刷牙，她在客廳叫道：『不要忘記關燈！』我開冰箱時，她說：『不要忘了關上！』在家裡我沒有一件事可以清靜自在地做。每天都是：『你到哪兒去？去洗手！不要和某某人在一起，他不是好東西！不可以！你爲什麼要買那張CD？零花錢怎麼隨便亂花？去刷牙！你的臉怎麼那麼蒼白！抬頭挺胸！』」

「如果沒有什麼事可挑剔，她就提我的功課。我從學校回來一踏進家門，門都還沒關上，她就叫道：『你不覺得應該先去作功課嗎？』我一氣之下，就偏不做功課，不讓她稱心如意！醫生，我知道我還算聰明，也希望把書念好將來上大學，但是我不要由母親來控制我的每一次呼吸，能對付她的唯一辦法就是不念書，因爲她會比我還著急。」

母親的本意是苦口婆心要教導兒子刻苦、用功、發揮他的才能。但是潛意識裡並不一樣，嘮叨的母親其實是害怕兒子長大，希望他永遠是個小寶寶，一切都需要她照顧，都由她來控制。

在心理醫師的開導下，這位母親原本不承認自己有這樣潛在的動機，後來慢慢能接受，收斂起自己嘮叨的行爲，兒子也開始能自動自發地努力讀書，爲母親爭光。

有位太太向朋友訴苦，每次家裡東西壞了要修，她經常得三番五次地催促丈夫修理，丈夫依然故我拖拖拉拉，而丈夫又不讓她找工人，一來爲了省錢，二來覺得別人不如他修得好。朋友建議他們定個協議，當家裡有東西需要修理時，給他十五天的期限，而且把日期記在日曆上，如此一來丈夫無法推拖也沒有藉口說忘了，一個月以後那位太太很開心地告訴朋友，只有一次是找工人來修的。

（1）訂立規則：

的確，很多時候，在家庭生活中訂立規則可以解決夫妻之間的衝突：

有一對夫妻常為週末的活動而爭吵。妻子厭倦了天天待在家裡，希望能到外面吃吃飯、跳跳舞；而丈夫則對應酬厭煩，希望能在家裡享受寧靜週末，聽聽音樂、看看書、玩玩牌。為此，十幾年來衝突不斷。後來丈夫提議，雙方輪流負責計畫週末的活動，妻子安排一周，丈夫安排下一周。這個辦法不只是效果絕佳，並且也幫助他們解決了其他問題。體貼丈夫的一周工作的辛勞，妻子常建議留在家裡；而輪到丈夫作決定時，又常決定出去玩，給妻子驚喜一番。

（2）分辨輕重緩急：

其次，解決嘮叨的第二步是，看看自己是否有事事嘮叨的情況，如果是的話，就要學會辨別輕重緩急，強迫自己忽略不重要的小事，把焦點集中在對重要的事訂立規則，以除掉不好的行為，同時除掉嘮叨。

（3）具體溝通：

第三步就是分析溝通過程，溝通一定要清楚具體，避免含糊不清。千萬不要接受：「我等一會再做」或「我有時間再做」的回答，這種回答最容易引起嘮叨。比如家事，要明確要求在某個時間內完成，並說明否則將會有什麼後果。注意父母要以身作則，給孩子樹立一個好榜樣。

（4）開家庭會議：

其四，要常常開家庭會議，或小型討論會。利用這個機會來討論哪些事情要做，應在什麼時間做等等，並檢討拖延未做的事，注意父母要以身作則，給孩子樹立一個好榜樣。

（5）尋求專業醫師協助：

其五，檢查一下夫妻之間或父母子女之間的關係是否已到了惡化的地步，是的話，光靠前面幾種方法來解決嘮叨還是沒有用，必須借助心理治療或心理輔導，以解決根本問題。

（6）用悄悄話：

最後，這是最實用的一點，在孩子耳邊用悄悄話告訴他要做什麼事，通常很有效。這種舉動顯示出一生活上的親密感，讓孩子覺得心理很舒服。有時候也要給他留點面子，不要當著兄弟姐妹的面說他。同時孩子對這種「秘密資訊」很感興趣，也能增加他的自我重要感。

40 譏諷招禍

不要逞一時口舌之快，開惡毒的玩笑，或把嘲諷當樂趣，得罪人、招致災禍往往就在一句不經意的話之間。

臺北縣蕭崇烈一家三口滅門血案，在警方鍥而不捨的查緝後，宣告偵破。兇嫌鄧笑文被捕後，坦承因受經營堆高機生意的蕭崇烈「譏諷」而萌生殺機，並在行兇後擔心事情敗露，而再殺其妻女滅口。

鄧笑文在自白中坦誠，兩個月前，死者蕭崇烈用話刺激他、恥笑他，並用手指指他胸前，笑他「沒什麼用」，開堆高機那麼久了，仍然是「給人請（聘雇）」，不像他自己開堆高機沒多久就當了老闆。對這樣的「譏諷」，鄧笑文懷恨在心，後來蕭某只要與他碰面，就不斷嘲笑他，以致使他萌生殺人洩恨之心。

據警方表示，兇嫌鄧笑文心智健全，但因受到對方不斷的譏諷和嘲笑而殺人，成爲歷年來滅門血案的特殊案例，頗值得警惕。

古人早有明訓：「言語傷人，勝於刀槍。」許多人常以「嘲弄」他人爲樂子，也有部分綜藝節目的主持人，戲稱未能在比賽中過關的來賓「笨」，或嘲笑比賽者的長相「醜」。有些雖然是屬玩笑性質，但總是不妥，畢竟「尖酸刻薄」、「有失厚道」的言事批評，會使聽者產生不悅；嚴重的，正如滅門血案的被害人一般，遭到殺身之禍，後悔莫及。因此，古人說：「喪家亡身，言語占八分」，似有其道理，眞是叫人不得不謹愼。

法國巴黎有一名「美食專欄作家」，經常在文章中特別讚譽某些餐廳，或嚴辭批評某些餐廳的菜肴。有一次，此專欄作家在專欄中對一餐廳的菜色做出「像豬食」的評語，激怒了餐廳老闆。該老闆事後特別再請此美食專欄作家去試吃「精緻美味的佳餚」，不料美食專家吃完後臉色大變，暈倒在地，送到醫院前氣絕死去。餐廳老闆被警方逮捕收押後，坦承「設毒宴」下毒，他說：「批評我們的美食像豬食的人都該死！」

這眞是叫人瞠目結舌，言詞過於尖酸刻薄，批評太過分，很容易「惹禍上身」。

事實上，不管是男人或女人都一樣，被不中聽的話激怒，都可能會情緒失控，而口出狂言，大打出手。宜蘭縣頭城鎮有兩家相鄰的傢俱行，因同行競爭而相忌，又因轎車被刮傷而引起言語衝突，於是兩家除了動口怒罵、動手狠捶互毆外，又用口「互咬」。結果，四十一歲的林先生鼻子被咬落於地，他忍著疼痛拾起半截鼻子，趕至羅東博愛醫院求救縫合，另一方是五十三歲的許先生，也在「口齒互咬大戰」中，下巴被咬下一塊肉，鮮血濺滿臉孔和傢俱，也痛苦萬分地趕赴醫院縫了十多針。

「大禮不辭小讓」，做大事的人哪顧得了那些雞毛蒜皮的小事？錯矣！

第四章

辦公職場

4

41 與上司溝通的忌諱

上司可以主宰你的職涯發展，老是語出不遜將帶給你一生的災難，所以要了解與上司說話時的忌諱，避免誤踩地雷而被冷落得不明不白。

上司畢竟不像一般同事。俗話說：伴君如伴虎。所以與主管相處，就更應該注意，平時說話交談，彙報情況時，都要多加小心。特別是一些會使主管不快的話，更要注意分寸。

（1）催主管動作快些：

不經意地說：「太晚了！」這句話的意思是嫌主管動作太慢，以致於快要誤事了。在主管聽來，會有「爲什麼不早點」的責備意味，這樣的話在平時說來無所謂，在下屬與上司共事時說來就有失分寸。

（2）使主管下不了臺：

對主管說：「這事不好辦！」主管交辦任務下來，而下屬卻說「不好辦」，直接不給主管面子，一方面像是推卸責任，另一方面也顯得主管沒遠見，使主管下不了臺。

（3）說了該主管說的話：

對主管說：「您眞讓我感動！」其實，「感動」一詞是主管對下級的用法，例如說：「你們工作認眞負責不怕吃苦，我很感動！」而晚輩對長輩或下級對上級用「感動」一詞，就不太恰當了。對主管的尊敬，應該說「佩服」。如：「經理，我們都很佩服您的果斷！」這樣才算比較恰當。

（4）說了自己不該說的話：

對主管說：「我不清楚。」「不行，」「沒關係！」這類話是對主管的不尊重，缺少敬意。退一步來講，也是說話不講究方式方法的表現。

（5）說無所謂：

對上級的問題回答：「無所謂，都可以！」這樣的話顯示出對主管提出的問題根本不在意，同時既顯得對主管不夠尊重，也有怠慢自己責任之嫌。

（6）過度客氣反而會招致誤解：

和主管說話應該小心謹愼，顧全大體。但顧慮過多則適得其反，容易遭受誤解。

因此應該善於察言觀色，以平常心去應付，習慣成自然，對這類情況就可以應付自如了。如果想克服膽小怕事的心態，有時越是謹愼小心，反而更容易出錯，會被上司誤認爲沒有魄力，不值得重用。

42 對上司提建議的方法

千萬不要看到上司臉色不好就忙不迭地改變自己觀點。堅持自我，但不用高姿態的發言方式，上司會明白你的苦心孤詣的。

上司需要意見，上司都不是萬能的神，有些問題連他們都解決不好，所以上司需要下屬經常向他提出好的意見。

對於那些強力相諫的人，上司頭疼的不是他提的意見，而是意見的提出方式。

「主任，您剛才說的觀點完全錯了，我覺得事情應該這樣處理……」或者「主任，您的辦法我不敢苟同，我認爲……」，這些方式首先否定了主任意見的全部，自然，後面的觀點讓上司覺得臉上面子掛不住，從一開始就對下屬好的意見產生抗拒。

如果能抓住上司意見中的某一處你所認同的地方，加以大力肯定，爾後提出不同的意見，則易被接納。因爲先肯定上司意見的某一處價值，就已打開了進入上司智庫的大門，例如：

「主任說得對，在○○方面，我們的確應當給予充分的重視，這是解決問題的前提之一，我認爲，除此之外，我們還應當……」接下來提出自己觀點，爾後重點在於論證過程，說理、舉例，指出不這樣做的後果，使上司了解你的意見從實踐上更加可行。

結束發言之時，別忘了強調你提出不同意見的出發點。

「故我想，如果眞能這麼做的話，排除這個問題是不費吹灰之力，公司也能以更快的速度發展。」

聽了這話後，上司會意識到你的一切意見的最終目的，都是爲了公司的前途，也就是大家的前途。

（1）提建議時，不要急於否定上司原來的想法：

提建議時，多注意從正面有理有據地闡述見解。有民主要求，還要有民主素質，即要懂得尊重他人意見，尊重上司意見。這樣，他才會承認你的才幹。

對上司個人的工作提建議時，盡可以謹慎一些，必須仔細研究上司的特點，研究下屬用什麼方式提出的意見最容易被接受。大大咧咧的上司可用玩笑建議法，嚴肅的上司可用書面建議法，自尊心強的上司可用私下建議法，喜讚揚的上司可用寓建議於褒獎之中法等等。

（2）不要以爲上級不願聽建議：

「不要向上級提建議，顯示自己高明是不好的，他會嫉妒你的。再說，提出來也沒用，即使再正確，他也不會聽。」有些人在與上司的互動中，總結出上述的經驗，但這種說法是不對的。

一位主任多次說，他不需要別人出主意，需要的是有人去做。一次研究工作時，一位下屬提了三條建議，他當時沒說什麼，可在工作中卻採納了兩條，由於沒有採納另一條，工作中遇到了麻煩。此後，他歡迎大家出主意，提出意見，要大家有什麼話都說一說。

主管要負責很多事，但人的精力總是有限的，而且，智者千慮，必有一失。這時，你提出建議，彌補或挽救工作中出現的問題，他嘴上不說，心裡也會感激你。問題在於你提意見的內容，要眞正顯示出你的才華和意見的重要性，要眞正表現出善意，若是所提的意見沒有被接受，也不要斤斤計較。

（3）提意見，不要夾雜私怨：

有這樣一個經驗，給被試驗者一份文稿，內容是主張對竊盜罪判以重刑，認為目前的處罰太輕。對A組被試者說，這份建議是法官提出來的；對B組被試者則說，這份建議是監獄中服刑的竊盜犯提出來的，其實這兩份建議的內容相同，都是實驗者寫的。實驗表明，B組被試者更傾向於認爲，對盜竊犯應該判以重刑。

這個實驗說明，一個建議，其中夾雜的個人私利越少，越容易被人接受。因此，在向主管提出建議時，應該更多地從部門和工作的立場出發，顯示出爲整體或主管著想，而不要被主管認爲：「這個人，只是爲了達到個人的目的，才提這個意見。」

（4）提意見不要損害主管的尊嚴：

「我不同意主任的意見，這種作法在實際中根本不通！我認為應該……」

這種提意見的方法有點欠妥。

提意見，要以建議的方式提出供主管參考，不要涉及他的觀點和方案，而是闡述自己知道的事實、自己的想法、自己的方案，並且說明「這不一定對，僅供主管參考」。

事實上，越是善意的、建設性的建議，越是可能被主管接受。

43 向上司提異議的方法

爲尊者諱，如果你要在眾人面前用言語壓過上司，上司就會在眾人面前叫你滾蛋。

怡君平日工作幹練，對公司頗有建樹，但始終沒有得到拔擢。終於有一天她忍不住了，爲這事與上司爭了起來。

在爭論中，兩人互不相讓，氣氛十分緊張。這場唇槍舌戰之後不久，怡君就不得不離開那家公司。

從這件事上可以看出，非常遺憾，怡君沒有遵守與上司打交道的基本規則：沒有把握取勝，不能輕易向頭兒開戰。

不過這並不意味著應當避免與上級衝突。對一位不甘寂寞的下屬來說，至關重要的恰恰不是唯唯諾諾，而是把自己的不同見解恰到好處地向上司表明。而避免矛盾，只能暫時奏效，長此以往，下屬吃不香睡不甜，人格受壓抑，上司則耳不聰目不明，指揮失當。

如何才能做到既提出了異議，而又不冒犯上司呢？以下幾條規則也許對一些欲言又止的下屬們提供了極有益的啓示。

（1）**選對時機：**

在找上司闡明自己不同見解時，先向秘書了解一下這位頭頭的心情如何是很重要的。

即使這位上司沒有秘書也不要緊，只要掌握幾個關鍵時間就行了。當上司進入工作最後階段時，千萬別去打擾他；當他正心煩意亂而又被一大堆事務所糾纏時，離他遠些；中飯之前以及度假前後，都不是找他的合適時間。

（2）**先消了氣再去：**

如果你怒氣衝衝地找上司提意見，很可能把他給惹火了。所以應當等自己心平氣和，儘管長期以來已積聚了許多不滿情緒，也不能一古腦兒抖落出來。應該就事論事地談問題，因爲在上司的眼裡，一個對企業持有懷疑態度、充滿成見的下屬，不但自己的工作效率無法發揮，還會影響其他同事士氣，如此，也就只能請這個下屬另尋出路了。

（3）鮮明地闡明爭論點：

當上司和下屬都不清楚對方的觀點時，爭論往往會陷入僵局，因此下屬提出自己的見解時必須直截了當，簡明扼要，能讓上級一目了然。

在財政部門任職的科長淑惠很少與上級發生磨擦，這並不意味著她對上司百依百順，她的方法是，把自己的不同意見清楚明瞭地寫在便條紙上請上司看。「這樣能使問題的焦點集中，有利於上司思考，也能使上司有點迴旋的餘地。」她說。

（4）提出解決問題的建議：

通常說來，你所考慮到的事情，上級早已考慮過了。因此如果你不能提供一個即刻奏效的辦法，至少應提出一些對解決問題有參考價值的看法。

（5）站在上司的立場上想一想

要想與上級相處得好，重要的是你必須考慮到他的目標和壓力，如果你能把自己擺在上司的地位看問題、想問題，做他的忠實夥伴，上司自然也會爲你的利益著想，有助於你實現自己的目標。

44 對上司深藏若虛

與上級相處，鄭板橋的「難得糊塗」之道，眞是至理明言。我們要學會降虎之術，那就是使自己顯得笨一點、愚一點，讓上司顯得英明一些，高大一些。

每個人都喜歡別人認爲自己聰明，有才華能幹，因此，很多人言談舉止之間，總是有意無意展示一下自己某方面的優勢。如果是在同事、朋友之間這樣做，應無大礙，若是在主管面前蓄意張揚，反而會招致楣運。因爲要是你太聰明了，什麼事都瞞不過你的眼睛，蓋過主管的風采，就會成爲主管眼中釘肉中刺，早晚要剷除掉才安心。

三國時期的楊修，在曹營內擔任主簿，思維敏捷，甚有才名，爲人恃才自負，屢犯曹操之忌。曹操曾建造一所花園，竣工後，曹操觀看，不置可否，只提筆在門上寫了一個「活」字，手下人都不解其意，楊修說：「『門』內添

『活』字，乃『闊』字也。丞相嫌園門闊耳。」於是重修門牆，改造完畢又請曹操前往觀看。曹操大喜，問是誰解此意，左右回答是楊修，曹操嘴上雖讚美幾句，心裡卻很不舒服。又有一天，塞北送來一盒酥餅，曹操在盒子上寫了「一盒酥」三字。正巧楊修進來，看了盒子上的字，竟不待曹操說話自取來湯匙與眾人分而食之。曹操問是何故，楊修說：「盒上明書一人一口酥，豈敢違丞相之命乎？」曹操聽了，雖然面帶笑容，可心裡十分厭惡。

曹操性格多疑，深怕有人暗中謀害自己，謊稱自己在夢中好殺人，告誡侍從在他睡著時切勿靠近他，並故意殺死了一個替他拾被子的侍從。可是當埋葬這個侍者時，楊修喟然歎道：「丞相非在夢中，君乃在夢中耳！」曹操聽了之後，心裡愈加厭惡楊修，便想找機會除之。

曹操率大軍迎戰劉備打漢中時，在漢水一帶對峙很久，曹操由於長時屯兵，到了進退兩難的處境。此時恰逢廚子端來一碗雞湯，曹操見碗中有根雞肋，感慨萬千。這時夏侯淳入帳內稟請夜間號令，曹操隨口說到：「雞肋！雞肋！」於是人們便把這句話當做號令傳了出去。行軍主簿楊修即叫隨軍收拾行裝，準備歸程。夏侯淳見了便驚恐萬分，把楊修叫到帳內詢問詳情。楊修解釋道：「雞肋雞肋，棄之可惜，食之無味。今進不能勝，退恐人笑，在此何益？來日魏王必班師矣。」夏侯淳聽了非常佩服他說的話，營中各位將士便都打點起行裝。曹操得知這種情況，以楊修造謠惑眾，擾亂軍心罪，把他殺了。

俗話說得好：「聰明反被聰明誤。」楊修是一個絕頂聰明的人，問題在於他被聰明所蒙蔽，處處都要露一手，所謂「恃才放狂」，不顧及別人感受，不考慮別人好惡，而這個別人，卻是曹操這個恃才傲物的頂頭上司。於是，針尖兒對麥芒，楊修終於送掉了自己的小命。

楊修智慧超人，卻因過於自負，不給曹操留一點面子，而喪了性命，這是每一個想以「聰明」博得上司歡心的下屬應該吸取的一條教訓，曹操的「雞肋」、「一盒酥」及門中的「活」字等，都是普通的智力測驗，是一種文字遊戲。他的出發點並不是眞爲了給大家出題測試，而是爲了賣弄自己的超人才智，因此，即便下屬主觀上猜著了，也只能含而不露，甚至還要以某種意義上的「愚笨」去襯托上司的「才智」。但是，楊修卻毫不隱諱地屢屢點破了曹操的迷局。雖然說楊修鋒芒外露，好逞才能，但因此而賠上了自己的性命，未免太可惜了。楊修聰明反被聰明誤的故事告訴我們：欲利用上司的下屬，必須要具備良好的素養，處處想到表現自己，放任自己，無視上司的自尊心和心理承受能力，鋒芒畢露，咄咄逼人，必然會招來上司的忌恨，引火焚身。

45 謹思慎言

一言興邦，一言喪邦，一言不慎不僅僅其一個人，甚至僅其一個國家。

說話比做文章難，做文章，可以細細推敲，再三訂正，讀文章，可以細細品味，詳加研究。說話就不能這樣了，一言既出，駟馬難追。所以與人說話，應該特別留神，要說的話，最好事先打好腹稿，列出綱要，免得臨時遺漏；說話開頭，先要定一定神，態度從容，雙眼注視對方，表現出誠懇的神情，並隨時注意對方是否贊成自己意見，還是並不以爲然，據此隨時調整說法，如果發覺對方露出不願意多聽的神情，就該設法結束話題。如果對方有疑問，就該多做解釋，如果對方樂於接受自己的見解，就該單刀直入，不要再繞圈子，如果發覺對方要插話的樣子，就該請他發表意見，對方的答話，要特別注意，特別留神。

同樣一個「喔」字，有不同的意涵表示。「喔。」是表示知道了；「喔！」則是表示驚奇；「喔？」是表示疑問。如果對方說「好的，就這樣吧！」這是完全接受；「好的，以後再談吧！」這表示心裡不想接受；「好的，等我研究研究。」這是原則上可以同意，辦法還須討論；如果對方說：「好的，你聽我的回音。」這是肯幫忙的表示；「好的，我替你留意。」這是沒有把握的暗示：「好的，我替你設法」這是肯負幾分責任的表示，能夠細細體會，便知道此次談話是否成功了，老於世故的人，往往不肯作露骨的表示，很容易使你誤解他的意思。

回答問題，也要有個分寸，認爲對的，就回答「很好」；認爲不對的，回答：「這個問題很難說。」自認爲可以辦到的就回答：「我去試試，但成功與否不敢肯定。」自認爲辦不到的回答：「這件事太困難了，恐怕沒多大的希望。」總之，不要說得太肯定，太肯定的回答，最易造成不愉快的後果。一切回答，必須留些迴旋的餘地，萬一臨時不能決定，可以回答：「待我考慮後，再答覆你！」或者說：「待我與某某商量後，由某某答覆吧！」前者是接受與不接受各占一半，後者多數是婉言拒絕。

如果對方嘮叨不停，不想再聽下去，也有幾個方法可以應付，比如講些其他無關緊要的話，轉移目標，也可以說：「好的，今天就談到這裡爲止。」然後立起身來，說聲「對不起，再見！再見。」他自然會中止談話，離開你那裡。

對方若是一個喜歡刺探你的意思的人，往往會迂迴曲折，中間插入一句主要的話，希望你暴露眞情，你如果不願意告訴他，應該特別留神那句主要的話，設法避過，或者故意當作沒有聽見，或者含糊其辭，或者說「不便奉告」，來阻擋他不斷的進攻。

此外，宿醉未醒，不要見客；盛怒之後，不要見客。醉的時候容易說錯話，洩漏秘密；發怒後容易遷怒來客，無端得罪人。人與人之間好感難得，惡感易成，所以與人對話，必須謹愼。當然知已相聚，上下古今，東西南北，與之所至，無所不談，不必有所拘束，但是謔浪之談，也以不虐爲度，否則一言失誤，感情便會產生裂痕，就不可不防，不可不小心謹愼了。

46 多聽常點頭

要「多聽少說常點頭」並不容易，其實這並不抵觸自己的原則，只有這種處世的柔軟才不易斷，才能持久，才能存在。

有位少年隻身離家，要到外面打天下，臨行前，父親交待他：「多聽少說常點頭」。

事實上，這句話相當淺白，不用解釋也懂，但爲何要如此做，可不是人人能懂。

「多聽」，就是多聽別人說，聽別人的做事經驗，聽別人的人際恩怨，聽別人話語透露出來的有關周圍環境的訊息……你多聽，別人就會因爲你「多聽」而多說，他說得越多，你知道得越多。

「少說」，能多聽，自然就會少說。少說不但可以「導引」對方多說，還可以避免流露自己的內心秘密，更可以避免說錯話，得罪別人。少說，你就成爲一個冷靜的旁觀者，一切的一切，都在你的掌握之中。

「常點頭」，這並不是要你做個沒有主見的應聲蟲，而是避免在群體中成爲別人眼裡「不合時宜」的人，也就是說，聽別人說話時，多點頭，表示你的專注和附合，如果有不同意見，也要先點頭再提出。無關緊要的事，不必堅持己見，多點頭迎合，並且配合，這樣子人人會當你是好朋友，你就沒有走不通的道路。

「多聽少說常點頭」的道理就在於順著客觀環境，避免凸出自己，降低別人對你的可能傷害。

「多聽少說常點頭」這個原則適合於人一生中任何一個階段。初出社會「多聽少說常點頭」是學習；中年時期，事業呈現往上的態勢，「多聽少說常點頭」則可減少阻力；到了老年，事實上，老年人還有什麼好說的呢？不如緘默養氣，並且多「點頭」，鼓勵年輕人，否則就無法獲得別人的敬重，成爲人人討厭的老賊了。

47 戴高帽

一頂高帽子，能把一顆心征服，只要懂得用語言編織，何不多織幾頂。

人們通常把當面說奉承話叫做「戴高帽」。

有一個京官要到外地任職，臨行前，去向老師拜別。老師說：「外地的地方官不容易當，你要小心謹愼爲好。」京官說：「老師放心，我準備了高帽一百頂，逢人便送一頂，這樣，恐怕不至於會有什麼問題。」老師聽了很生氣，當場訓斥他：「吾輩爲官，不可弄邪門歪道，哪有像你這樣辦事的？」京官說：「老師這話很對，不過當今這個世界上，像老師這樣不喜歡戴高帽的，能有幾個？」老師聽了，轉怒爲喜，點點頭說：「你這一句話倒也說得很對！」

京官從老師那裡辭別出來後，笑著對人說：「我的一百頂高帽，今只剩下九十九頂了！」

一個人在取得了稱讚的時候，很容易飄飄然，此時可要小心！

烏鴉嘴裡銜著一塊肉，飛回到樹枝上，準備慢慢享用。一隻狐狸看見了，饞得直流口水，很想得到手，於是想了想，對烏鴉說：「哎呀，我從未見過這麼美麗的烏鴉，苗條的身段，漂亮的羽毛，如果聲音也和外形一樣出色，那簡直就是鳥中之王了。」烏鴉聽完輕飄飄地，於是爲了證明自己的實力，張開嘴唱歌，肉馬上就掉下去了。狐狸撿起肉，嘲笑烏鴉：「我聽見了，聲音是不錯，就是頭腦太簡單，智商低了一些。」

人最大的毛病就是虛榮，人人都有，只是或多或少而已。稍有一些虛榮不要緊，可給人自尊自信，可是虛榮太過就麻煩了，像烏鴉那樣，自己的最弱項就是聲音了，可是別人一誇獎，它居然聽不出諷刺，還信以爲眞。

48 克己利人

把一切責任都推給別人，把一切利益都自己獨攬，這樣的人是沒有人緣的。

李先生喜歡跟別人爭辯，藉以賣弄自己的學識，如果你不跟他爭辯，他倒也不會來麻煩你，傷害你。

李先生覺得自己是一個很好的人，忠實、不說謊、不僞裝，也從來不投機取巧，不做一點虧心事，更不占別人便宜。然而，他卻感到自己並不受人歡迎。

原來他太驕傲了，以爲自己是個十全十美的人，以爲人人都應該以他爲模範、爲導師。因此，他喜歡隨時隨地地去教訓別人、指導別人。看見別人有一點點缺點，就加以批評、指責，像大人管小孩，老師對學生一樣，擺出一副道貌岸然，神聖不可侵犯的神態。甚至常常有意地誇大別人的缺點，把別人的一時疏忽或無心的過失，說成是存心不良或者行爲不端。

同時他又不能容忍別人對他有什麼不恭敬、不忠實之處。如果他吃了別人一點的虧或受了別人一點點欺騙，就把對方當作罪大惡極、無恥之極的人，加以攻擊、嘲笑、諷刺或漫罵。

這樣的人的確令人害怕，到處都會激起別人的憎惡與反感。

一個人對自己要求嚴格，不做一點錯事，這自然是千該萬該、十分正確的事。但不要因此就把自己看得太高，以自己的標準來要求別人，以爲別人都是笨蛋，只有自己才是聖人。

對別人的過失與錯誤，首先要分析他們犯錯的原因，可能是受到環境的影響，可能是因爲他們自己認識不清，也可能只是一時疏忽，有時還可能因爲求好反而犯了錯誤，主觀上求好，而客觀上犯了錯誤。除了一些眞正與人爲敵的社會敗類，應該群起而攻之外，大多數人所犯的錯誤都是可以原諒，也都是可以改正的。

我們應該抱著與人爲善的態度，對別人的錯誤，在不傷別人自尊心的原則下，誠懇而婉轉地解釋與勸導，安慰他們的苦惱，鼓勵他們改正，自己吃了虧，受了騙，只要以後小心提防，不再上當就行了，不必就因此而跟對方結下深仇大恨，應留給對方一個悔改的餘地。

倘若一個人得罪了你，你不但不跟他計較。不向他報復，反而原諒他、寬恕他，必要時，還去幫助他，在一般的情形之下，他多半會對你十萬分地感激，十二萬分地慚愧，往往也會因此被你所感動，痛改前非的。

49 直言傷人

直言是利刀，傷人也傷自己的心，婉言是春風，撫平別人也安慰自己。

小陳是一公司的中級職員，他的心地是公認的「好」，可是一直升不了職；和他同年齡、同期進公司的同事不是外調獨當一面，就是成了他的頂頭上司。另外，別人雖然都稱讚他「好」，但他的朋友並不多，不但下了班沒有「應酬」，在公司裡也常獨來獨往，好像不太受歡迎的樣子……

其實小陳能力並不差，也有相當好的觀察、分析能力，問題是，說話太直了，總是直言直語，不加修飾，於是直接、間接地影響了他的人際關係。

其實「直言直語」是人性中一種很可愛、很值得大家珍惜的特質，也唯有這種直言直語的人，才能使是非得以分明，使正義邪惡得以分明，使美和醜得以分明，使人的優缺點得以分明。只是在人性叢林裡，「直言直語」卻是有這種性格的人的致命傷，理由如下：

喜歡「直言直語」的人說話時常只看到現象或問題，也常只考慮到自己的「不吐不快」，而不去考慮旁人的立場、觀念、性格。他的話有可能一派胡言，但也有可能鞭辟入裡；一派胡言的「直言直語」，對方明知，卻又不好發作，只好悶在心裡；鞭辟入裡的直言直語因爲直指核心，讓當事人不得不啓動自衛系統，若招架不住，恐怕就懷恨在心了。所以，直言直語不論是對人或對事，都會讓人受不了，於是人際關係就出現了阻礙，別人寧可離你遠遠的，那就想辦法把你趕得遠遠的，眼不見爲淨，耳不聽爲靜。

喜歡直言直語的人一般都具有「正義傾向」的性格，言語的爆發力殺傷力也很強，所以有時候這種人也會變成別人利用的對象，鼓動你去揭發某事的不法，去攻擊某人的不公。不管成效如何，這種人總要成爲犧牲品，因爲成效好，鼓動你的人坐享戰果，你分享不到多少；成效不好，你必成爲別人的眼中釘，是排名第一的報復對象。

所以，在人性叢林裡，直言直語是一把傷人又傷己的雙面利刃，而不是劈荊斬棘的「開山刀」，有這種直言直語個性的人應深思，並且建立幾個觀察：

——對人方面，少直言指陳他人處事的不當，或糾正他人性格上的弱點，這不會被認作「愛之深，責之切」，而會被看作和他過意不去；而且，你的直言直語也不會產生多少效用，因爲每個人都有一個內心的堡壘，「自我」便縮藏在裡面，你的直言直語恰好把他的堡壘攻破，把他從堡壘裡揪出來，他當然不會高興。因此，能不講就不要講，要講就迂迴地講，點到爲止地講，他如果不聽，那是他的事。

——對事方面，少去批評其中的不當，事是人計畫的、人做的，因此批評「事」也就批評了人，所謂「對事不對人」，這只是「障耳法」。除非你力量大，地位高，否則直言直語只會替自己帶來麻煩。如果能改變事實，則這麻煩倒還值得，如果不能，還是閉上嘴巴吧！如果非講不可，也只能迂迴地講，點到爲止地講，如果沒人要聽，那是他們的事。

50 玩笑要有分寸

製造幽默氣氛可以，但千萬別弄巧成拙。

紀曉嵐中進士後，當了侍讀學士，陪伴乾隆皇帝讀書。

一天，紀曉嵐起得很早，從長安門進宮，等了很久，還不見皇上到來，他對同來侍讀的人開玩笑說：

「老頭兒怎麼還不來？」

話音剛落，只見乾隆已到了跟前。因爲他今天沒有帶隨從人員，又是穿著便服，所以沒有引起大家的注意。皇上聽見了紀曉嵐的話，很不高興，就大聲質問：

「『老頭兒』三字作何解釋？」

旁邊的人見此情景都嚇了一身冷汗。紀曉嵐卻從容不迫地跪在地上說：

「萬壽無疆叫做『老』，頂天立地叫做『頭』，父天母地叫做『兒』。」

乾隆聽了這個恭維自己的解釋，就轉怒為喜，不再追究了。

在不協調和次協調交際中，成功地運用自己的機智和口才，隨機應變，可以化解矛盾，幫助交際者走出困境，紀曉嵐正是成功地運用曲意直解，將對乾隆有不尊性質的「老頭兒」三字，巧釋為「萬壽無疆」、「頂天立地」、「父天母地」。這樣不但化險為夷，而且變辱為恭。

在生活中也難免會遇到類似紀曉嵐的尷尬，自然也需要適當的方法予以彌補。

王處長下午要主持一個大型的企劃會議，需要準備一些資料。於是就把這件事交給小趙去辦，由於小趙處理這類事很有經驗，沒多久就把資料呈給處長了。

王處長翻閱著資料並慎重地問：

「這件事上面的人很重視，資料內的數字，你有沒有都詳細校對過？」

不料小趙卻好像滿不在乎地嘻笑著說：

「大概不會錯吧？」小趙的話說完，只見王處長把資料重重地往桌上一丟，並怒氣衝衝地說：

「你是在做什麼？怎麼可以說『大概』呢？」

小趙覺得有些委屈，心想：「開個玩笑也不行呀？」明明是一句玩笑話，對方卻信以爲眞，結果就造成說者不快、聽者生氣的後果。

這種情形的發生原因，大致有下列三種：

（1）以對方用心思考、重視的事開玩笑。

小趙的事例就是這種情形。王處長命令小趙替他準備資料，是以一種一絲不苟的心情看待，而小趙卻嘻皮笑臉，毫不在乎。所以，王處長會動氣發怒。

（2）個性耿直的人經常會把別人的玩笑話當眞。

（3）對方有心事，沒有心情聽玩笑話。

這和第一種情況類似。由於焦躁不安、過度疲勞、精神過於緊張等因素，也會使一個正常人的精神或肉體陷入緊繃狀態，而聽不下任何玩笑話。

另外，有強烈自卑感和被害者意識的人，也是開不得玩笑的：

如此一來，或許你會懷疑：「那麼，玩笑話是說不得了嗎？」其實也不儘然。一般而言，玩笑話大多具有使工作場所變得活潑，化解呆板氣氛的功用。關鍵在於我們是否看準當時對方的心情罷了！

那麼，開了不適宜的玩笑以後，該怎麼彌補呢？比如上面小趙的例子，既然上級已經生氣了，如果他也默不做聲，更容易造成對方的誤解。

在情況的勢頭不對時，小趙應該把語氣一轉，用嚴肅和充滿自信的口氣說：

「處長您放心，這些資料絕不會有問題的。」

處長可能會問：「那麼，你剛才爲什麼說『大概』呢？」

「對不起，不過，請檢查這些資料看看，一定不會有錯的！」小趙說話時除了語氣要有自信外，還要面帶一點微笑，聽了小趙的補充說明和看到他的態度後，王處長的心情和語氣應該會緩和下來。

51 謙虛不炫耀

眞正的能力不是吹噓出來的，吹噓出來的能力轉瞬即逝，要想在職場中立足，最好是多做事、多謙虛、多動腦、多行動。

在職場中，每個人都希望能得到別人的肯定。

法國哲學家羅西法古說：「如果你要得到仇人，就表現得比你的朋友優越；如果你要得到朋友，就要使你的朋友表現得比你優越。」當我們使朋友表現得比我們優越時，他們就會有一種得到肯定的感覺，但是當我們表現得比他還優越時，他們就會產生一種自卑感，甚至對我們產生敵視情結。人都在自覺不自覺中強烈維護著自己的形象和尊嚴，如果有人對他過分地顯示出高人一等的優越感，那麼無形之中是對他自尊的一種挑戰與輕視，同時排斥心理乃至敵意也就應運而生。

日常工作中不難發現這樣的同事，他們雖然思路敏捷、口若懸河，但剛說幾句就令人感到狂妄，所以很難與他相處。這種人多數都是因爲太愛表現自己，總想讓別人知道自己很有能力，處處想顯示自己的優越感，以爲這樣才能獲得他人的敬佩和認可，其實結果只會在同事中失掉威信。

在這個世界上，謙虛豁達的人總能贏得更多的知己，妄自尊大、小看別人、高看自己的人總是令別人反感，最終在交往中使自己到處碰壁。

何先生是一位很有人緣的幹部，在他剛到人事局時，在同事中幾乎一個朋友都沒有。當時他正春風得意，老是自誇說有多少人找他幫忙，哪個幾乎記不清名字的人昨天又硬是給他送了禮等等，同事們聽了不僅不欣賞，還打心底討厭他。後來經當了多年主管的老父親點撥，才意識到自己的毛病。從此以後便很少談自己而多聽同事說話，後來，每當他與同事閒聊，總是先給對方機會滔滔不絕地表現自己，只有在對方停下來問他的時候，才很謙虛地說一下自己的情況。

老子曾說：「良賈深藏若虛，君子盛德貌若愚」，是說商人總是隱藏其寶物，君子品德高尚，而外貌卻顯得愚笨。這句話告訴我們，要斂其鋒芒，收其銳氣，千萬不要不分場合地將自己的才能讓人一覽無遺。你的長處短處被同事看透，就很容易被他們支配。

另外還要謙虛一些，謙虛的人往往能得到別人的信賴，贏得別人的尊重，更容易地與同事建立關係。所以，對自己要輕描淡寫，要學會謙虛，只有這樣，我們才會永遠受到別人的歡迎。

爲此，卡內基曾有過一番妙論：「你有什麼可以值得炫耀的嗎？你知道是什麼原因使你沒有成爲白癡的嗎？其實不是什麼了不起的東西，只不過是你甲狀腺中的碘而已，價值並不高，才五分錢。如果別人割開你頸部的甲狀腺，取出一點點的碘，你就變成一個白癡了。在藥房中五分錢就可以買到這些碘，這就是使你沒有住在瘋人院的東西——價值五分錢的東西，有什麼好談的呢？」

52 展露領導魅力

作爲領導人，光靠職權，發號施令，未必能夠帶動企業上下眾志成城；充分地展現個性魅力，反而能展現出不同於尋常的權威形象和權威力量。

對外交往中，言語必須與自己的身份相符合，這是毫無疑問的。但是，如果能恰當地引入個性特點，則能產生極好的效果。許多優秀的外交家，正是以獨特的個性特點而形成迷人的外交風格，從而產生極大魅力。以中國的兩任外交部長爲例，人們評價周恩來，嚴謹、細緻、體貼；而陳毅豪放、灑脫、熱情，兩人的外交風格各有所長，相得益彰。陳毅是個元帥，又是外長，人稱「元帥外交家」。他坦率、愛衝動、直言快語的個性特點在他應答如流、不拘一格的談吐中得到充分的展現，形成他獨有的外交風格。他把外交工作的嚴格紀律與革命軍人的直率主動，把高度堅定的原則性與隨機應變的靈活性，把無產階級的堅定黨性和豐富動人的人情味完美地統一在一起，產生了獨特的個性魅力。

一九六四年四月，陳毅率團到印尼首都雅加達參加在那裡召開的第二次亞非會議籌備會。他和印尼總統蘇卡諾一見面，就發現雙方在開會的地點、時間上的意見不一致。按蘇卡諾的想法，第二次亞非會議的地點仍在印尼的萬隆，時間就定在當年。陳毅也說了自己的意見：第一次亞非會議已在萬隆開過了，第二次亞非會議應選在非洲國家開。陳毅對蘇卡諾說道：

非洲的獨立國家有四十個之多，總統閣下如果主張在非洲開，就是支持非洲，這樣就站得高、看得遠，顧全大局，表現了政治家風度，證明你沒有什麼私利打算，發言就響亮。

快人快語，遠見卓識。蘇卡諾一聽，深感有理。可是在開會時間上，他仍然堅持當年開。陳毅就以幽默的語言詼諧地說道：

你是總統，我是元帥，我作你的參謀長如何？——好，既然是你的參謀長，就聽聽我的意見。我認爲最好在明年開，爲什麼？因爲今年七月有阿拉伯首腦會議，八月非洲首腦會議，十月不結盟國家會議，之後還有英聯邦會議、聯合國大會，這些國家領導人長期在國外開會怎麼行呢？亞非會議和不結盟會議，不應該互相競爭，而應當相輔相成，即使要競爭，也不必用搶先開會的辦法競爭。

陳毅以自薦參謀長的方式入題，幽默風趣，又見其軍人本色。最後，雙方就地點、時間問題大體達成了一致意見。蘇卡諾感慨地說：「我與其他國家領導人談話，從未像與你這樣談過。」

陳毅在外交活動中，以其軍人特有的個性和其外長的身份相結合，產生了獨具魅力的風格，引起了世界各國領導人和人民的尊敬。

53 口頭指示要求複誦

不需要擺架子時，主管可以視情況放低身段，用方便簡捷的口語溝通，但對於口語的理解與記憶因人而異，所以口頭指示時應要求複誦，以確認下屬完全理解。

一九一〇年，美軍部隊在一次傳遞命令中情況是這樣的：

營長對值星官說：「明晚大約八點鐘左右，哈雷彗星將可能在這一地區看到，這種彗星每隔七十六年才能看見一次，命令所有士兵著野戰服在操場上集合，我將向他們解釋這一罕見的現象；如果下雨的話，就在禮堂裡集合，我將爲他們放映一部有關彗星的影片。」

值星軍官對連長說：「營長命令，明晚八點哈雷彗星將在操場上空出現。如果下雨的話，就讓士兵們穿著野戰服前往禮堂，這個罕見的現象將在那裡出現。」

連長對排長說：「營長的命令，明晚八點，非凡的哈雷彗星將身穿野戰服在禮堂中出現，如果操場上下雨的話，營長將下達另一個命令，這種命令每隔七十六年才會出現一次。」

排長對班長：「明晚八點，營長將帶著哈雷彗星在禮堂中出現，這是每隔七十六年才會有的事。如果下雨的話，營長將命令哈雷彗星穿上野戰服到操場上去。」

班長對士兵：「在明晚八點下雨的時候，七十六歲的哈雷將軍將在營長的陪同下身穿野戰服開慧星汽車經過操場前往禮堂。」

我們當然不願意造成這樣的誤會。主管與員工之間的大多數溝通是建立在口頭基礎上的。要想把每一條指令、每一項建議都寫下來做成書面的方式是不切實際的，也是不可取的。但問題在於很多時候以口頭方式發出的簡單指示、請求或意見，被聽者徹底地誤解了。

不論主管多麼準確地表達，多麼精準地措辭，員工還是會在一些時候誤解主管的本意。同一個語詞、同一段話，有時候可以表達諸多不同的意涵，員工的教育背景、生長地域、智力與訓練等等因素，都可能對他們的理解產生一定的影響，這就是爲什麼得到口頭回饋十分重要。不要太信任從員工那裡得到的簡短的「是」或點頭這類回答。他是否完全理解了指示？指示的內容是什麼？如果員工在領悟指示時「不夠準確」，爾後會出現什麼問題？你會十分震驚地發現，有多少次資訊是被「曲解」了。

主管對這種意料之外的結果感到非常失望，而員工卻認爲自己在忠實地遵循主管的指示行事，也因此十分委屈。

如何減少這種誤解呢？對主管來說，首先要認識到高層管理者和基層員工對話時必須謹慎小心，要具體而準確，任何不經過周密思考的陳述，都可能導致不良的結果。

（1）仔細考慮指示的內容：

主管必須認識到，他們所說的每一件事都有著更高的「重要性」，這僅僅是因爲對基層員工來說，他們代表著權威。一句看似無關緊要的陳述，可以產生意外的結果，管理層級或職銜越高，這個人所說的話就越重要。任何大公司的總裁都不會輕易發表評論。

主管不僅要思考他們自己打算說什麼，還要考慮別人會如何獲得和理解資訊，甚至還要想到接受者可能做出的反應。

當主管與基層員工對話前，先使用下面這份檢查表進行檢查：

＊我想要說什麼？

＊這一資訊應該告訴給誰？多少人將會受其影響？

＊在傳達資訊時，我依據的是可靠的事實嗎？

＊如何最佳表述資訊，使聽者能夠理解？

＊他們能聽一次就獲得資訊嗎？需要重複表述嗎？

＊聽者可能做出什麼樣的反應，他們會有不同意見嗎？

＊需要對資訊進行「包裝」嗎？

＊在下達指示時，是否還需要當場示範？爲了進行這種示範需要做些什麼工作？由誰來進行示範？

＊接受指示的人需要時間進行練習嗎？要多長時間？

運用此一檢查表，可幫助主管在向員工傳達指示之前，先慎重「構思」口頭資訊與指示。這是他們分內的職責。

（2）注意談話的方式和態度：

談話的方式與內容同等重要。用粗聲粗氣或厭煩的語氣傳遞資訊時，聽者所接收到的訊息幾乎總是情緒性的。由此可以預料到聽者也會以同樣的情緒做出反應，當你以這種方式講話時，聽者必定對你想傳達給他的資訊感到不快。

語調與行爲舉止是重要的溝通工具，指令必須傳達得準確果斷，對指令的執行必須毫無疑問。在傳達指示時，員工應該得到一個全面的解釋，要坦率，要允許提問，要聆聽不同意見，不要以自己的資格而自以爲是。對了解自己工作的資深員工給予表揚，認眞思考來自員工那裡的任何有意義的意見，以獲得更理想的團隊表現。

指示傳達到員工那裡並被員工所理解是一個層面，員工有足夠的熱情對待它們又是另一個層面，尤其在實行一套新程式或新系統時更是如此。主管必須認識到人性是抗拒改變的，人都喜歡熟悉的東西，變化則令人不舒服。

這就是為什麼主管在傳達指示時，必須表現出積極的態度，不要在傳達指示時感到歉意，不斷改進目前的狀況是領導者的責任。不要埋怨領導者進行的這些變革，因為這無濟於事，主管必須採取的態度是把變革看成是必須的，因為變革的目的是為了更好，而且它一定會更有成效。

對於變革將如何影響到自己以及工作的各個方面，員工有權從領導者獲得解釋，領導者應該盡可能使這些解釋完整全面。

在傳達口頭指示時，主管還必須事先預料到下屬可能做出的反應。他們會提出什麼反對意見？如何回答這些反對意見？如何把無聊的抱怨與合理的關心區分開來？是否某個人比別人的抱怨更多？如何讓這個人在會議中處於「中立狀態」？

對主管來說，試圖向員工灌輸團隊精神也很重要，在對新職責做總結時使用「我們」而不是「你」的稱謂，向員工徵求如何實現目標的建議，主管可以通過親身去做一些沒有人願意做的工作，來表明自己對變革的積極態度。

（3）選擇好談話地點：

在傳遞口頭資訊時應該考慮的一項重要因素是，到底應該在什麼地方傳遞資訊？主管辦公室是傳遞資訊最安全的場所。這裡是主管權威的最強象徵。對於所要傳遞的這些資訊來說，主管選擇辦公室作爲交談地點是十分恰當的。新的指示、程式的變化、需要解決的問題以及對員工進行的批評。

還有很多的情況，主管到員工的辦公桌前或辦公室裡交談更爲恰當。比如，員工可能擁有進行討論的資料和用具，或者，主管不希望打斷員工的工作。如果要表揚員工或對他表現出特殊的認可，到下屬的辦公室裡或辦公桌前駐足交談也是一個好辦法。

主管可能希望相互之間的交流顯得更隨意，在大廳或休息室裡碰到員工，向他說說你的資訊或指令，就好像一切均在不經意的時候發生的。

當需要向很多員工傳達指示或指令時，就需要使用會議室了。在工作區域之外舉行會議，意味著會議不希望受到干擾。

54 鼓勵屬下的方法

變化性的鼓勵比不變化的鼓勵更有影響力。

一位老師經常批評油畫班的學生不完成作業，出於對訓斥的反感，有個學生禮貌地建議老師，是否能以表揚完成作業的學生來取代批評沒有完成作業的人。老師採納了他的建議。果然，幾個星期後，他不僅看到同學們認眞完成作業，而且還看到一個充滿歡樂氣氛的集體。

一位年輕的姑娘和一個嚴厲、專橫的男人結婚。他的父親——一個愛對兒媳發號施令的人和他們生活在一起。對於這對父子的強迫命令和苛刻評價，姑娘儘量不動聲色，但是，對於他們令人愉快、考慮周到的事情，如幫她去食品店買東西，則給予熱情地讚揚，不到一年就使他們變成了謙和有禮的人。

可見，讚揚對行爲有著不可估量的作用。哈佛大學藻類學專家Ｂ．Ｆ．斯金諾的實驗也充分地肯定了這一點。他認爲，鼓勵不僅僅是獎賞，它是和一些行爲的發生相聯繫的東西，它有著促使某種行爲重覆出現的趨向。當動物的大腦接收到鼓勵的刺激，大腦皮層興奮中心調動起各個系統的「積極性」，潛在的力量能動地變成了現實，行爲發生了改變。

凱倫·普利爾最初認識到這一問題是在夏威夷海洋生物公司大型水族館工作的時候。一九六三年，他在那裡擔任海豚馴獸師的負責人。訓練馬和狗，可以用傳統的訓練方法，但是，對那些水生動物，不能使用鞭子和項圈，「積極鼓勵」是惟一的方法。

他們訓練水族館的動物，通常採取「條件鼓勵法」。運用條件反射原理，他們使一些原始的信號（聲音、光等等）和一些基本的鼓勵（給食物）聯繫起來，使這些信號在它們頭腦中和鼓勵的刺激建立穩固的聯繫，當信號一出現，鼓勵的作用也同時出現了。海豚教練員們經常在餵食的時間吹口哨，口哨成了海豚的鼓勵信號。後來，在沒有給食物的條件下，動物們聽到口哨，也可以表演一個多小時的節目。

幾年前，在某家動物園裡，管理員準備打掃大猩猩的籠子，喚它出來，猩猩不肯。管理員搖動手中的香蕉，想吸引它出來，可是，大猩猩要不是不予理睬，就是搶過香蕉跑回原處。一個馴獸師知道這種情況指出：「搖香蕉的鼓勵法，從前沒有實施過，因此對這隻隻猩猩不能奏效。但是，運用『食物鼓勵法』，依然是無往不利的，應該把香蕉放在門前，用香蕉引誘猩猩自己走出獸籠。」果然，大猩猩見到門外的香蕉，乖乖地走了出來。

這就是把「積極的鼓勵法」應用到日常生活之中，收到了立竿見影的效果。

當孩子不愛做家事，經常大聲地訓斥他，不僅無濟於事，家庭的氣氛也會變得很緊張。改變教育方式，觀察兒子令人喜歡的行爲，比如，當他幫助大人洗盤子的時候，就用讚許的口氣鼓勵他，果然，兒子開始熱愛做家事了，家庭的氣氛也和睦多了。

一般來說，鼓勵有兩種形式，肯定的和否定的。肯定的鼓勵出自對主體需要的滿足。例如，給動物食物，撫愛、表揚等等。否定的鼓勵使用於禁止的、要他迴避的事情。例如，打它，對它皺眉頭，或者發出不愉快的聲響。

只要發出肯定的鼓勵信號，行爲必然會得到改善。

假如你希望某人打電話給你，他沒有這樣做，你不能鼓勵他，因爲這是沒有出現的事情；當他打電話給你的時候，你高興地按上述方法去做，他使會經常打電話給你的。如果你用否定的鼓勵法，冷淡地對待他，也許他從此便不會再給你電話了。

鼓勵的力量是相對的，不是絕對的，鼓勵是有條件的。下雨對鴨子是肯定的鼓勵，對貓卻是否定的鼓勵；在動物溫飽的時候，食物並不是鼓勵的有效因素，但是，在訓練動物的場所，這是各種鼓勵法中最有效的方式。

鼓勵是一種資訊，通過傳導的方式起作用。它準確地告訴對方，你喜歡、需要的是什麼。在運動員和舞者的訓練上，教練的口令「對！」或者「好！」絕不是在訓練結束後的更衣室閒聊，事實上，它意味著發出需要動作的一個信號。

觀看足球賽和籃球賽時，激動人心的喝彩與鼓勵的場面往往會打動球員的心。每當一個扣籃得分或者精彩的險球之後，場邊人群中爆發的雷鳴般的喝彩聲，使球員和觀眾的感情交流融爲一體，球員們受到多麼大的鼓舞啊！

鼓勵要即時，不能過早也不能過晚。如果你說，「孩子，昨天晚上你很乖！」他會回答：「怎麼，您的意思是現在我不乖嗎？」當孩子們遇到挫折而灰心喪氣的時候，我們應該經常鼓勵他們對於困難的事情勇於嘗試。

否定性的鼓勵要掌握分寸。父母或老師批評孩子，如果無休止地進行下去，主觀的願望是完成了，但它並沒有成爲一個資訊，無法發揮影響行爲的效果。在傳導理論中，它只能叫「噪音」。

某些「繼續下去」的鼓勵，僅僅在學習階段是必要的。在教孩子騎自行車時，你可以這樣鼓勵他：「好，再大膽些！」當他學會了騎車後，如果你還這樣鼓勵他，他就會以爲你告訴他，可以忽略安全問題了。

55 「哄」下屬的方法

主管僅需一句話，就可以使部屬高興一陣子。

許多人做人的方式，是「對上捧，對下壓」，但從做人的觀點看，這做法大錯特錯。

眞正懂得做人的人，對上拍馬屁固然無可厚非，但對下也一樣要「哄」。最聰明的人，甚至會偶爾拍拍手下的馬屁！

這要點是，大凡居高位的人，一定習慣了給人拍馬屁，於是人拍你也拍，這馬屁便不稀罕，要拍也得別出奇招才行。但是，如果你偶爾拍拍下屬的馬屁呢？不用說，這一招受用之極。

一般來說，下屬和你的階級距離越大，這馬屁便越受用！

當然，所謂拍馬屁有許多方法，可軟拍也可硬拍。

陳總經理今天看到辦公室助理小王配了一副名牌新眼鏡，便讚他戴這副眼鏡好看，等於輕輕的拍了小王一下馬屁，而小王聽到老總讚美他，也許比女朋友讚美他還要心花怒放。

在辦公室擺足架子，對底下的人惡言呼喝，也不過想令他辦事認眞點。要達致這效果，還不如哄哄下屬，正向激勵他。

像陳經理讚美小王的鏡框，便是一個好例子。以後陳經理叫他辦事，他也會分外賣力。對小王來說，這可能簡直像知遇之恩！

這例子雖然說得誇張，但在社會上，往往地位越低的人越會感恩圖報，越會有義氣。這類人其實最値得拉攏，甚至値得交朋友。

低層人「爲什麼不發達」？不一定是他讀書不多，本領不足。堂堂李先生鄭先生也不見得讀書特別多（雖然他們是博士）。

許多人之所以一世居低下層，多半只是因爲他太老實，不識做人。

從好的角度來看，這類老實人最値得交的眞朋友，許多人不交這種朋友，不過是因爲階級觀念作祟。

56 難以啓齒的話怎麼說

委婉不強調繞大圈子，否則，講了半天，竟全是廢話連篇，與其如此，不如不講。

恭維別人，盡說一些拜年的話，並不困難。但是，在職場中，有時候不得不說一些對方不願意聽，或者對對方不利的話。

覺得難說出口而一拖再拖，不但會令你更加開不了口，而且，當山窮水盡不得不說的時候，會被責問：「為什麼不早一點告訴我？」這麼一來，你的形象在別人眼裡就大大地下降了。

許多人都有過膽小、懦弱的時候，對於說不出口的話，總是沒辦法坦然地說出，因此，吃了不少虧，也給別人帶來了麻煩。

說話的技巧是要抓住要點，適時地的把內容做最有效果的傳達。所以，滿嘴嘰哩呱啦、說得天花亂墜，在必要關頭卻開不了口的人，算不上「能言善道」。

那麼，要如何才能把一件不便說出口的事，巧妙婉轉地表達出來呢？

（1）早做決定：

「說不出來的話，更要早一點表達」，是第一要點。時機一錯過，更開不了口。

（2）緩和對方所承受的壓力：

直截了當地把「不，不行」向對方表白的話，會刺激到對方的情緒，造成彼此的不快。尤其是對於長官、上級，更不能用直接的拒絕方式。

如果對方是充滿自信心、個性又相當溫和的人，或許對於毫不留情的反面言語，會平心靜氣地接受。但是，這樣的人實在太少了。

因此，最好的應答方式是「啊，是這樣的啊！」「原來如此」，先正面地接受它，然後再婉轉地把自己相反的意見，以「我覺得……不知您覺得如何？」的方式表達出來。

（3）提示方法：

有些時候必須委託大忙人代爲處理一些事，這時一般人往往會說：「眞抱歉，這麼忙的時候又打擾您……」

其實，不如提示對方一些處理方法，這樣，對方承接工作的意願就會提高些。

另外，糾正別人、斥責別人的時候，總是難以開口。如果換個講法，提示一點意見給對方，就可以毫無芥蒂地開口，相信對方也能夠順從地接受。

（4）儘量委婉些：

俄國彼得堡一個因賭場失意、欠債累累的少尉在喝得酩酊大醉時，說了一句「沙皇陛下在我的屁股底下」，被他的一個宿敵軍官告到法庭。

法庭的法官經過認眞的審理，確認少尉有罪，彼得堡的記者們要報導這一判決的理由，又不能重複那句侮辱皇上的話，眞是費盡心思。其中一個聰明的晚報記者寫的報導，被各報採用。

晚報記者這樣寫道：「安理揚諾陸軍少尉違法，軍事法庭判處有期徒刑兩年，因爲他洩漏了一些有關沙皇陛下住處的令人不安的消息。」

在和下屬談話的時候，也要注意儘量委婉些，以免傷害下屬的自尊和感情。

57 不得罪人的拒絕方法

拒絕人一定要講究策略，婉轉地拒絕，令對方心服口服；避免生硬地拒絕，使對方心生不滿，甚至懷恨、仇視你。

該怎樣拒絕別人，才能達到自己的目的，又儘量不得罪人呢？

（1）自言自語：

不好意思直接說出的話，不妨當面裝作自言自語。

人們礙於面子，很多話當面說不出口，裝作自言自語說出心中所想，對方便會知趣而退。

在自言自語中，當事人沒有意識到自己將內心想法暴露無遺。因此，會談時，有意識地運用這種方法，可將自己不好意思直接說出的話間接表達出來。

比如，你可以說：

「我現在能不能這麼說呢？」

「不行，我到現在事都沒辦好。」

「我怎麼會立即和他交談。」

對方聽到後，便會覺得索然無味，自動停止說話。

（2）裝傻：

推銷員一進門，迎出來的一個白髮老頭。青年推銷員恭恭敬敬鞠了一躬。「喔，喔，可回來了！你畢竟是回來了。」老頭脫口而出，「老伴快出來，兒子回來了，是阿強回來了。很健康，長大了，一表人才！」老太太連滾帶爬地出來了。只喊了一聲「阿強！」就捂著嘴，眨巴著眼睛，再也說不出話來。推銷員慌了手腳，剛要說「我……」時，老頭搖頭說：「有話以後再說。快上來，難爲你還記得這個家。你下落不明的時候才小學六年級。我想你一定會回來，所以連這個舊門都不修理，不改原樣，一直都在等著你呀。」

推銷員實在待不下去了，便從這一家跑了出來。喊他留下來的聲音始終留在他的耳邊。

用裝傻的手段捉弄和對付難纏的推銷員，不失為一種高明的手段。

(3)先予承諾，再找理由婉拒

承諾對方，是一種禮儀，在承諾之後，一句「但是」，便可以扭轉話題，提出自己的立場，所以不必擔心「承諾」結果真如你所「承諾」的那樣，這也便是「承諾」的妙處所在了。

用「我真想幫你的忙，但是……」推出你已運籌於胸的一系列理由，其意思和你說「不行，這是絕對不可能的」是同一立場，但聽起來順耳，動聽多了。

英國陸軍統帥亞瑟·威爾斯利·威靈頓曾因成功地指揮了英國對拿破崙的半島戰役被封為公爵，之後他又與普魯士將軍布呂歇爾在滑鐵盧最終擊敗了拿破崙。

他早年曾在印度服役，阿薩戰役時，他負責與一名印度官員秘密談判。這位官員急於想知道能割讓多少土地給他們，想盡辦法都不能讓這位將軍開口。

最後這位印度人說，只要威爾斯利透露給他這個消息，他願出五十萬盧比酬金。

威爾斯利問他：「你能保密嗎？」

「當然，我能保密。」印度官員急切地答道。

「那我也能保密。」威爾斯利說。

（3）儘量少用否定對方的字眼

拒絕的時候儘量不要用否定對方的字眼。在職場中，遇到你必須拒絕的事情，也不能傷害對方的感情，這時你可以尋找一些托詞。如：

「待我考慮考慮再答覆你吧！」

用這種辦法，可以擺脫窘境，既可不傷害對方的感情，又可使對方知道你有難處。比乾脆毫不含糊地講「不」要強得多。

另外，避開實質性的問題，故意用模棱兩可的語言做出具有彈性的回答，既無懈可擊，又達到在要害問題上拒絕做出答覆的目的。

以下這位著名造船家對權威學術的婉轉評價很值得借鑒：德皇威廉二世設計了一艘軍艦。他在設計書上寫道：「這是我累積多年研究，經過長期思考和精細工作的結果。」他請國際上著名的造船家對此設計做出鑒定。

過了幾周，造船家送回其設計稿並寫下了下述意見：

「陛下，您設計的這艘軍艦是一艘威力無比、堅固異常和十分美麗的軍艦，稱得起空前絕後。它能開出前所未有的高速度，它的武器將是世上最強的，它的桅杆將是世上最高的，它的大炮射程也將是世上最遠的。您設計的艦內設備，將使艦長到見習水手的全部乘員都會感到舒適無比。你這艘輝煌的戰艦，看來只有一個缺點：那就是只要它一下水，就會立刻沉入海底，如同一隻鉛鑄的鴨子一般。」

所以一定要記住，拒絕對方，儘量不要傷害對方的自尊心。要讓對方明白，你的拒絕是出於不得已的，並且感到很抱歉、很遺憾。儘量使你的拒絕溫柔而緩和。

58 如何拒絕人事請託

徵才的良窳關係著一家公司的興衰，長輩或上司安插人手，有時候來的人正好適合，但更多時候所薦非人，這時該如何處理？

一個人在社會上打滾越久，所建立的人際網絡越是綿密，大家利用別人和自己，搭起了一張張交織的關係網，互相利用，互相「照顧」。然而有時面對著你不想要的人、不要做的事，瞻前顧後，左右權衡，竟難以說出一個「不」字。

如何走出人情關係的迷思，巧妙地說出「不」字呢？這裡有個例子：

明賢頂著高科技高學歷光環，出社會工作不久就創業，建立一家科技公司，幾年來，憑著自己所學的專業技術，加上市場瞄得準，業績蒸蒸日上，股價不斷飆升，吸引了許多年輕人想擠進公司。

一天，他的一個老上司打電話給他，想推薦一個職員，問他能否接收。礙於面子，他讓老上司帶著求職者來面試。面試結果很不理想是個庸才，勉強讓他進入公司的話，既幫不上公司的忙，他自己也所學非用，更破壞公司人事制度；但老上司以前待自己不錯，礙於面子，不好拒絕。

明賢考慮到：

（1）從大處、長處著想，必須拒絕。

（2）要坦誠公司實際情況，讓老上司及求職者明白不接受的客觀原因。

（3）要顧全老上司的面子，免傷自尊和和氣。

深思之後，明賢先邀請老上司和那個求職者參觀公司，了解所應徵職務的部門職員忙碌的情況和工作的難度，包含公司徵人的規章制度。接著請兩個人吃飯，聊及老上司給過的指導，「老上司，在您的指導與建議下，公司發展很快，我非常感謝您的理解和支持。您教我建立的內部管理制度，效果非常好，希望您能繼續指導。對於小夥子所應徵的職務，與他所學的關聯性很低，公司研究後沒有通過他的人事案，如果我們公司未來有適合他的職務，我再想辦法讓他去試試，當前先讓他到其他適合他的公司闖一闖。老上司，您看這樣好嗎？」

明賢通過讓他們了解實際情況，「開誠佈公」明確拒絕了，而且這時候即使不主動拒絕這位年輕人，他在看到這家公司的情況後也有了自知之明，懂得要知難而退。明賢對著兩個人談老上司的指導，表達出自己的感激，也在年輕人面前顯示出老上司的能力，給了他很大面子。此外，以自己公司現在不適合，但未來可能有機會，留給對方一個後路。

從這個例子可以看出，要巧妙地拒絕應該做到：

（1）讓對方了解實際情況和難處，開誠佈公地拒絕，使對方相信你的真誠。

（2）要給對方留下面子，切不能傷人自尊。

別人之所以來你這裡求職，一方面是你公司的發展前景；另一方面也是公司的聲譽。拒絕對方而不留面子，不僅會破壞你們的關係，而且也會影響整體聲譽。影響公司招納賢才的禮讓形象。所以絕對不能以傷人自尊的方式拒絕對方。

（3）力求使對方釋然、高興地退下。

讓對方感覺到公司的發展也有對方的一份力量（雖然不是公司職員，但局外人的支持和幫助也是難能可貴的）。這使得公司增強了一份社會力量。

（4）注意選擇拒絕的時間、地點與方式。

一個原則是當拒絕一定時，要及早拒絕，堅決不拐彎抹角地拒絕，好讓對方有所準備，避免招致對方的錯覺和不必要的麻煩。

誠然，在關係下的拒絕，你總會有點不安，但是你不能不拒絕。那麼巧妙地佈置，把交際當舞臺，安排好拒絕的主角和配角，就會拒絕成爲一門創造性的人際交往藝術，於是你達到了你的目的，也避免了造成關係的僵化。

59 自言自語也是武器

自言自語如果用得妙用得巧，比實話實說還管用。遇到某些難堪的場面，或不便直截了當說話的時候，自言自語能使你不費口舌地解決問題。

一般來說，自言自語是指在沒有他人在場的情況下自說自話，可是，在一對一或一對多人時，若能抓住時機，巧妙運用，也可當成攻心的武器。

是否曾碰到這樣的情況，在會議上或生意上交涉時，或與親友談正經事時，對方突然自言自語，你以爲對方眞的突然想起某事而中斷話題，但這種喃喃自語中，有時候會隱藏著經過算計的圈套。如果當時場面正好不利於對方時，那十之八九是屬於有心機的喃喃自語，想脫離主題，當你反問對方：「你在說什麼？」對方可能搪塞說：「不！不！這是我私人的事……」

換言之，對方是爲了閃避對自己不利的情勢，而故意中斷話題來削減我方的氣勢。具體地說，當你在會話中佔優勢時，如果對方顧左右而言他：「等一等，現在幾點了？我約好三點打電話給董事長……對不起！對了，你剛才說到哪裡了？」這種詭計足以擾亂我方的步調。

這是一種儘量避免直接發生衝突的解決問題的絕妙的方法。

某公司的一位處長是位有名的「有意識自言自語者」，這位仁兄的個子瘦小，其貌不揚，怎麼看也不像個處長的樣子，他了解部下們因此對自己瞧不起，並且也不情願接受他的命令，於是，便使出了「自言自語」戰術。

冬天，當室內的暖氣過熱時，一般情況下，有些主管會以命令的方式解決這一問題。而他卻做出一副很熱的樣子，用脫衣服或解開領帶等行動來暗示，並且還自言自語地說：「啊！熱得夠嗆！」

旁邊的員工聽了他的話，便會自動地將暖氣關小。

若是你的手下經常有上班遲到的現象，你不妨若無其事地在辦公室來回地走動，並且自言自語地說道：「如果大家都能早點來，那該多好。」

對於上班時間不認眞工作而只顧聊天的部下們，也可以如法炮製地說：「早做完事就可以早下班。」

有些人對被大聲斥責毫不在乎，在這種情況下，自言自語反而比當面斥責更爲有效。因爲這種旁敲側擊的表達自己某種意見的方法，不會使人難堪，當事者在聽到這些話後，會在自責中自覺地接受他人的意見，改變自己的言行。

許多場合的正面指責會引起反作用，如果對方是位長者、社會名流或受過他恩惠的人，則更要注意使用旁敲側擊的方式。如交談時，因自己處於下風，而對方聽說的言詞你又不敢苟同時，便可以用：「哦！是嗎？」或「眞是這樣嗎？」等這類滿不在乎的反應，以自言自語的方式不斷反覆著，對方於開始時並不會發覺，到後來也漸漸懷疑自己說話的可信程度了。

60 場面話別當真

很多場面話猶如人的口頭禪，只是順口說說而已，單純的你千萬別當眞。

小李在一家大公司工作，十幾年沒有升遷，於是透過朋友牽線，拜訪人事部門的經理，希望能調到別的部門，他知道有個部門有一個缺，而且他也符合資格。

那位人事經理表現得非常熱絡，並且當面應允拍胸脯說：「沒問題！」

小李高高興興地回去等消息，誰知半個月、一個月、兩個月過去，一點消息也沒有，打電話去，不是不在就是「正在開會」，向朋友打聽，才知道那個位置已經有人捷足先登了。他很氣憤地向朋友抱怨：「那經理又爲什麼對我拍胸脯說沒有問題？」朋友也不知如何回答才好。

這件事的眞相是：人事經理說了「場面話」，而小李相信了他的「場面話」。

「場面話」是官場叢林裡的現象之一，而說「場面話」也是精明人的生存智慧，在官場叢林裡進出久的人都懂得說，也習慣說。這不是罪惡，也不是欺騙，而是一種「必要」。

一般來說，「場面話」有兩種：

一是當面稱讚人的話：諸如你稱讚你的小孩可愛聰明，稱讚你的衣服大方漂亮，稱讚你教子有方……這種場面話所說的有的是實情，有的則與事實有相當的差距，聽起來說起來雖然「噁心」，但只要不太離譜，聽的人十之八九都感到高興，而且旁人越多他越高興。

二是當面答應人的話：諸如「我全力相助」、「有什麼問題儘管來找我」等。說這種話有時是不說不行，因爲對方運用人情壓力，當面拒絕，場面會很難堪，而且馬上得罪人；對方纏著不肯走，那更是麻煩，所以用「場面話」先打發，能幫忙就幫忙，幫不上忙或不願意幫忙再找理由，總之，有「緩兵計」的作用。

所以，「場面話」想不說都不行，因爲不說，會對你的人際關係有所影響。

不過，千萬別相信「場面話」。

對於被稱讚或恭維的「場面話」，要保持冷靜和客觀，千萬別兩句話就樂昏了頭，因爲那會影響自我評價。冷靜下來，反而可看出對方的用心如何。

對於拍胸脯答應的「場面話」，只能態度保留，以免希望越大，失望也越大；只能「姑且信之」，因爲人情的變化無法預測，既測不出對方的眞心，只好抱持最壞的打算。要知道對方說的是不是場面話也不難，事後求證幾次，如果對方言辭閃爍，虛與委蛇，或避不見面，避談主題，那麼對方說的就眞的是「場面話」了。所以對這種「場面話」，也要有清醒的頭腦，否則可能會壞了大事。

第五章

認錯解嘲

5

61 坦率道歉

說錯話是難免的，說錯了，不要光是自己一個人後悔，重要的是改變局面，使說錯話造成的不良後果降到最低點。

被譽為「小旋風」的流行歌手林志穎，一次有人問及他對「四大天王」的看法和對郭富城的印象，林志穎故作詼諧道：

「四大天王麼我不知道，郭富城嘛，他是我爸爸吧？」

一語既出，舉座譁然，人們紛紛指責他不知天高地厚。後來，為補救失誤，重塑自我形象，在接受採訪時，他坦然表示：

「說那樣的話我深感遺憾，我願公開向郭富城道歉。」

至此，那場所謂「林氏名言」的風波才算平息下去。它說明，對待說錯話，有時公開道歉比猶抱琵琶半遮面的掩飾來得高明。

必須指出，「坦率」的目的僅在於把問題講清楚，這不等於「直率」，解釋也必須講究策略。做錯事情之後，大多數人都會自我羞辱一陣，然後去向人低聲道歉，接著便灰溜溜地離開。

但許多情況下，僅靠一句「對不起」是不足以獲得諒解的。以博拉的事件為例，某次博拉在與同事閒談時稱其上司是「機器人」，後來被上司知悉。於是博拉寫了一張字條給上司，約他抽空談一談，上司同意了。

「顯而易見，我用的那個詞絕無其他用意，我現在倍感悔恨。」博拉向上司解釋說，「我之所以用『機器人』之類的字眼，只不過是想開個玩笑，我感到上司對我們有些疏遠、麻木。因此，『機器人』三字只不過是描述我這種感情的一種簡短方式。」上司為博拉合情合理的解釋和自我批評而深受感動，他甚至當即表態，說要努力成為善解人意、通情達理的人。

把問題講清楚，透過這種方式，博拉幫助上司做到了平心靜氣，並順利地解決了他們之間的感情危機。

誠然，推卸責任是我們找藉口辯解的一種方式，然而，問題不在於我們要找藉口辯解，而在於我們辯解時不能太直率、太尖銳。

62 清楚解釋

含糊其解常常只會帶來更多的疑問，與其「剪不斷，理還亂」，不如一次到位。

在社交場合中，解釋是必不可少的。例如，上班遲到了，需要向主管解釋遲到的原因；有人不同意自己的觀點，需要作理論上的解釋；有人對自己產生誤解了，需要解釋自己的動機和目的等等。那麼，怎樣才能使解釋獲得預期效果呢？這就需要遵循一定的原則，運用一定的語言表達技巧。

（1）實事求是，有理有據：

要使解釋獲得預期效果，首先必須遵循實事求是、有理有據的原則。解釋的目的在於解疑釋難，澄清事實，使人信服。為了達到這一目的，解釋就必須實事求是，如實地陳述事情的原委，做到有理有據。當然，有時候由於眞實情況難以直言，也可以採用委婉含蓄的主言，說明不便直言的原因，請對方諒解。但是，絕不能編造理由，尋找藉口，強詞奪理。那樣，即使說得天花亂墜，也難以令人置信，但可能還會招致對方的反感與駁斥。總之，要使解釋獲得預期效果，就必須做到實事求是、有理有所，如實向對方講清事情的原委，表明自己的態度。這樣，解釋才能令人信服，才能取得預期效果。

（2）表達清晰，條理分明：

如前所述，解釋是解疑釋難，澄清事實，使人信服。既然如此，那麼，表述就必須清楚明白，否則，不僅達不到預期目的，甚至還會產生新的誤解。

那麼，解釋時怎樣才能做到清楚明白呢？關鍵在於做到條理分明，尤其是解釋錯綜複雜的情況時，要把它說得有條不紊。具體說來，在解釋前，要考慮到語句的順序，先說什麼，後說什麼，要做到心中有數，不能興之所至，隨口道來，以防止解釋後更加糊塗的情形出現。一般地說，事情總有個起因、發展和結果這樣的過程。在解釋時，就可以按照這個過程的先後順序進行。在詞語句式的選擇方面，解釋中應儘量少用「也許」、「大概」、「可能」之類的模糊詞語，少用同音詞；同時，句子要多用完全句，不要隨意省略成分，否則，就可能出現越解釋越糊塗的問題。在言語的表述方面，也要講究技巧，比如，有些事情，如果直言解釋，可能會傷人情面，影響關係，那就應該採用委婉含蓄的表述方式，使之容易爲對方所接受。不過，雖然表述方式是委婉含蓄的，但表意一定要清楚明白，否則容易產生負面效果。此外，在表述時，採用「同義替換法」，即同一個意思換一種說法，效果也是很好的。總之，既要表述清晰，又要言語委婉，這也是解釋時必須遵循的一條重要原則。

（3）語態謙恭，語氣和緩：

古人云：「感人心者，莫先乎情。」解釋時應使雙方的情感融洽，雙方情感越融洽，解釋的話就越入耳扎心，就越能使人信服。所以，解釋所必須遵循的又一條原則，就是語態謙恭。所謂語態謙恭，就是在解釋時，要特別注意語言的感情功能，用情感感染對方，達到情感融洽，使對方相信自己的解釋。

要做到語態謙恭，可先做心理溝通，在解釋時，如果能夠站在對方的立場上，從對方的利益出發，那麼對方就會把你當成「自己人」，從而相信並接受你的解釋。一旦對方把你當成了「自己人」，就標誌著雙方情感已經融洽，心理已經溝通，解釋工作就好做了。其次，語氣要和緩，在解釋時，既不能使用質問的語氣，更不能使用輕視或嘲弄的語氣，應採用和緩的、商量的語氣。要知道，語氣如何，直接關係到解釋工作的成效，因此必須加以注意。

63 將錯就錯

人有失足，馬有漏蹄。失足了可以再站起來，失蹄了可以重新振作，而人失言了可以用妙語去彌補。

作爲空姐，葉茱莉小姐接受了嚴格的語言訓練。儘管這樣，有時還是不免失言。

那次在的航班上，她和往常一樣本著顧客至上的服務精神，熱情地詢問一對年輕的外籍夫婦，是否需要爲他們的幼兒預備點早餐。那位男旅客出人意料地用中國話答道：「不用了，孩子吃的是母奶。」

沒有仔細聽這位先生的後半句話，爲進一步表示誠意，茱莉葉小姐毫不猶豫地說：「那麼，如果您孩子需要用餐，請隨時通知我好了。」

他先是一愣，隨即大笑起來。葉茱莉小姐這才如夢初醒，羞紅了臉，爲自己的失言窘得不知如何是好。

「人有失足，馬有漏蹄」。在人們的社交過程中，無論凡人名人，都免不了發生言語失誤。雖然其中原因有別，但它造成的後果卻是相似的，或貽笑大方，或糾紛四起，有時甚至不堪收拾。

那麼，能不能採取一定的補救措施或者矯正之術，去避免口誤帶來的難堪局面呢？答案是肯定的，比如用「及時改口」的方式。具體事例如下：

歷史上和現實中許多能說會道的名人，在失言時仍死守自己的城堡，因而慘敗的情形不乏其例。比如一九七六年十月六日，在美國福特總統和卡特共同參加的，爲總統選舉而舉辦的第二次辯論會上，福特對《紐約日報》記者馬克斯·佛朗肯關於波蘭問題的質問，作了「波蘭並未受蘇聯控制」的回答，並說「蘇聯強權控制東歐的事實並不存在」。這一發言在辯論會上屬明顯的失誤，當時遭到記者立即反駁。反駁之初佛朗肯的語氣還比較委婉，意圖給福特以改正的機會，他說：「問這一件事我覺得不好意思，但是難道您能肯定蘇聯沒有把東歐化爲其附庸國？也就是說，蘇聯沒有憑軍事力量壓制東歐各國？」

福特如果當時明智，就應該承認自己失言並偃旗息鼓，然而他覺得身爲一國總統，面對著全國的電視觀眾認輸，絕非善策，於是繼續堅持，一錯再錯，結果爲那次即將到手的選舉付出了沉重的代價。刊登這次電視辯論會的所有專欄、社論都紛紛對福特的失策作了報導，他們驚問：

「他是眞正的傻瓜呢？還是像只驢子一樣的頑固不化？」

卡特也乘機把這個話題再三提出，鬧得天翻地覆。

高明的論辯家在被對方擊中要害時絕不強詞奪理，他們或點頭微笑，或輕輕鼓掌。如此一來，觀眾或聽眾弄不清葫蘆裡藏的什麼藥。有的從某方面理解，認爲這是他們服從眞理的良好風範；有的從另一方面理解，又以爲這是他們的豁達胸懷。而究竟他們認輸與否尙是個未知的謎。這樣的辯論家即使要說也能說得很巧，他們會向對方笑道：「你講得好極了！」

相比之下，雷根就表現得高明許多。

一次，美國總統雷根訪問巴西，由於旅途疲乏年歲又大，在歡迎宴會上，他脫口說道：

「各位女士，各位先生！今天，能訪問玻利維亞令我感到非常高興。」

有人低聲提醒他說溜了嘴，雷根忙改口道：

「很抱歉，我們不久前訪問過玻利維亞。」

儘管他並未去玻國，當那些不明就裡的人還來不及反應時，他的口誤已經淹沒在後來滔滔的大論之中了。這種將說錯的地點時間加以掩飾的方法，在一定程度上避免了當面丟醜，不失爲補救的有效手段。只是，這裡需要的是發現及時、改口巧妙的語言技巧，否則要想化解難堪也是困難的。

在實踐中，遇到這種情況下，有三個補救辦法可供參考：

（1）移植法：

就是把錯話移植到他人頭上。如說：「這是某些人的觀點，我認爲正確的說法應該是……」，這就把自己已出口的某句錯誤糾正過來了。對方雖有某種感覺，但是無法認定是你說錯了。

（2）引伸法：

迅速將錯誤言詞引開，避免在錯中糾纏。就是接著那句話之後說：「然而正確說法應是……」或者說：「我剛才那句話還應作如下補充……」。這樣就可將錯話抹掉。

（3）改義法：

巧改錯誤的意義。當意識到自己講了錯話時，乾脆重複肯定，將錯就錯，然後巧妙地改變錯話的含義，將明顯的錯誤變成正確的說法。

64 自我解嘲

說話，是最容易的事，也是最難的事。容易，是因爲每個人都會說話，難是因爲不是每個人都能說出好話以達到目的。

一九一五年，邱吉爾還是英國的海軍大臣，一天心血來潮，突然想學開飛機。於是，他命令海軍航空兵的特級飛行員教他開飛機，軍官們只好從命。

邱吉爾還眞有股韌勁，刻苦用功，拼命學習，投入全部的公餘時間，負責訓練他的軍官都快累壞了。邱吉爾雖稱得上是傑出的政治家，但操縱戰鬥機跟政治是沒什麼必然關係的。也可能是隔行如隔山吧，總之，邱吉爾雖然刻苦用功，但就是對那麼多的儀錶弄不明白。

有一次，在飛行途中，天氣突然變壞，一段十六英哩的航程竟然花了三個小時才抵達目的地。

著陸後，邱吉爾剛從機艙裡跳出來，那架飛機竟然再次騰空，一頭撞到海裡去了。旁邊的軍官們都嚇得怔在那裡，一動不動。

原來，匆忙之中的邱吉爾忘了操作規程，在慌亂之中又把引擎發動起來了，望著眼前這一切，邱吉爾也不知所措，好在，他並沒有驚慌，裝作茫然不知似的，自我解嘲道：

「怎麼搞的，這架飛機這麼不夠意思。剛剛離開我，就又急著去和大海約會了。」

一句話，緩解了緊張的氣氛，也讓邱吉爾擺脫了尷尬。

在有些尷尬的場合，運用自嘲能使自尊心通過自我排解的方式受到保護。而且還能體現出說話者寬廣大度的胸懷。

邱吉爾有個習慣，一天之中無論什麼時候只要一停止工作，就爬進熱氣騰騰的浴缸中去泡泡澡，然後就光著身子在浴室裡來回地踱步，一邊思考問題，一邊讓身體放鬆放鬆，有時甚至會入神。

有一次，邱吉爾率領英國代表團到美國去進行國事訪問，他們受到熱情款待。爲了方便兩國領導人的交流、溝通，接待的單位安排讓邱吉爾下榻在白宮，與美國總統羅斯福離得很近。

一天，邱吉爾又像往常一樣泡在浴缸裡，爾後光著身子在浴室裡踱步。當時，世界反法西斯戰爭進行得如火如荼。邱吉爾在思考著戰場上的形勢，以及如何同美國聯手對付德國法西斯。想著、想著，忘了自己在什麼地方，忘了自己光著身子。

碰巧，這時羅斯福有事來找邱吉爾，發現屋裡沒人。羅斯福剛欲轉身離去，聽見浴室裡有水響，便走過來敲浴室的門。

邱吉爾正在聚精會神地考慮問題，聽見有人敲門，本能地說了一句：「進來吧，進來吧。」

門打開了，美國總統羅斯福出現在門口。羅斯福看到邱吉爾一絲不掛，十分的尷尬，進也不是，退也不是，索性一言不發地站在門口。

此時，邱吉爾也清醒了。他看了看自己，又看了看羅斯福，急中生智地說道：

「進來吧！總統先生。大不列顛的首相是沒有什麼東西可對美國的總統隱瞞的！」

說罷，這兩位世界知名人物都不約而同地哈哈大笑。

愛因斯坦是舉世聞名的科學家，但他從不注重自己的著裝。

一次，愛因斯坦第一次來到紐約。不料，在大街上還眞遇到了一位老朋友。這位朋友見愛因斯坦衣服破舊，便說：

「你看你的大衣，又破又舊，換件新的吧。怎麼說你也是知名人物呀！」

愛因斯坦笑了笑：

「沒關係，沒關係。我剛來到紐約，這兒沒有人認識我。」

幾年後，愛因斯坦和他的相對論都已名聲大震。巧的是、愛因斯坦又和他的那位朋友在街上相遇了，更巧的是、愛因斯坦還是穿著那件「又髒又破」的大衣。這一次，愛因斯坦不等朋友開口，便解嘲道：「這次更不用買新大衣了，全紐約的人都已經認識我了。」

尷尬場合，運用自嘲可以平添許多風采。當然，自嘲要避免採取玩世不恭的態度。具有積極因素的自嘲包含著自嘲者強烈的自尊、自愛。自嘲實質上是當事人採取的一種貌似消極，實爲積極的促使交談向好的方向轉化的手段而已。

此外，運用自嘲還要審時度勢，相機而用，比如對話答辯、座談討論、調查訪問等較嚴肅的場合就不宜使用。

65 轉移話題

說過的話想撤回時，不需要做很多的辯解，因為有時越解釋就越亂如麻。

某校某班在一次高考中，數學和英文成績突出，名列前茅。校長在表揚大會上這樣說：

「數學考得好，是老師教得好；英文考得好，是學生基礎好。」

在座老師聽罷沸沸揚揚，都認為校長說法顯得有失公正。一位老師起身反駁：

「同一個班，師生條件基本相同。相同的條件產生了相同的結果，原是很自然的事，不公平的對待，實在令人費解。原有的基礎與爾後的提高，有相互關係，不能設想學生某一學科基礎差而能提高得快，也不能設想學生某一學科基礎好而不需要良好的教學就能提高。校長對待老師的辛勞不一視同仁，將不利於團結，不能激勵老師們。」

會場有人輕輕鼓掌，然後是一陣靜默。而靜默似乎比掌聲對校長更有壓力和挑戰意味。校長沒有惱怒，反而「嘿嘿」地笑起來，他說：

「大家都看到了吧，王老師能言善辯，眞是好口才。很好，很好！言者無罪，言者無罪。」

儘管別人猜不透校長說這話的眞實意思，然而卻不得不佩服他的應變能力。他爲自己鋪了臺階，而且下得又快又好。聽了上述回答後，無人再就此問題對校長跟蹤追擊。

既要撤回，就不宜作任何辯解，辯解無異於作繭自縛，結果無法擺脫。

66 故作愚蠢裝糊塗

故作愚蠢化解尷尬需要用高人一籌的智慧作爲背景，並輔之以別具一格的自由心態。

有時故作愚蠢可以化解尷尬，爲了達到溝通的目的，我們需要有意識地爲自己的錯或別人的錯做一些必要的掩飾。這時，故作愚蠢就有了大顯身手的機會。

每個人與一個陌生人第一次交談，雙方都免不了要有短暫的拘謹，甚至尷尬。如果對方在年齡上小於你，社會閱歷少於你，你就有必要幫助他消除這種完全沒有必要的緊張。

另外，人們往往難以處理的還有自己不明白的或對方突然而來的冒犯言行所造成的尷尬場面。精明人一般會以錯對錯，以幽默化解困窘。

一天，幾位同學一起去探望高中時的老師，多年不見，老師詢問他們每個人的情況。

「見到你眞高興。」老師最後問一位女同學也像前面的同學一樣客氣，「你丈夫好吧？」

「對不起，老師，我還沒有出嫁……」

「噢，明白了，你的丈夫還沒娶你！」

一個很尷尬的局面，經精明的老師這麼一句話，馬上就消失了，同時也保住了女同學的面子，老師第一句話錯在心不在焉說了一句「蠢話」，知道錯後，他急中生智，又說了一句「蠢話」，此時大家知道他是有意爲之的，一瞬間便心領神會。

發揮精妙的語言時要仔細考慮環境和對象，如果你對對方還沒有足夠的認識，他對你的尊敬往往還沒有達到可以冒險試一下開玩笑的程度。

上文的那位精明的老師處理十分恰當，因爲他了解自己的學生，了解自己所處的環境。

蠢言蠢行之法有時也可帶一定的善意性的攻擊，這種攻擊因富於人情味，很容易引起對方的同情心，進而收到意想不到的效果。

戰後的日本，物資奇缺，就連買釘子都很難，常需透過特殊管道或套交情，開「後門」才買得到。

有位歐吉桑要蓋房子，急需買幾斤釘子，就到鎮上唯一有釘子賣的那家商店對店員說：「小姐，我要買十斤釘子。」

「沒有。」

歐吉桑又說：「沒有十斤，我就買五斤吧。」

「也沒有。」

「那兩斤呢。」

「連半斤都沒有！」

歐吉桑苦苦哀求道：「小姐，你無論如何得賣給我一枚釘子。」

店員詫異地問：「你這……眞怪，買一枚釘子做什麼？」

歐吉桑說：「用它把你們的『後門』釘住！」

那店員爲歐吉桑的精明話所感動，一笑之後，出於同情，賣給他五斤釘子。

買一枚釘子是件蠢事，去釘商店的「後門」也是辦不到的，但它充分表現了老人那種無可奈何的心情，終使對方感到慚愧，產生同情心。語言的效果常是意想不到的，樂於歡笑是人的一種本能，你能給別人歡樂，雖然他（她）受到一點攻擊，但也能接受，一個有情感的人，這時想的不是還擊，而是如何報答你給他的歡樂。由於你設想用語言從對方那裡得到什麼，當你得到報答時，就有意外驚喜感，你的情感隨之昇華，你精明的語言也會越來越強。

妻子：「你今天又在外面喝酒了吧？」

丈夫：「沒有啊！」

妻子：「那爲什麼衣服上有酒味？」

丈夫：「不可能，我喝酒時一點也沒有灑在衣服上。」

這位丈夫夠誠實的，表面上看他很蠢，說假話且自露馬腳，其實卻很精明，爲妻的也一笑了之。

在這裡，故作愚蠢之所以能造就精明，是因爲交談雙方都明知其愚，卻只有如此說才有味道，如果不是這樣，而是不知其蠢，那就是眞正的笨蛋、傻瓜。

妻子被啼哭不止的孩子纏得束手無策，便苦苦思索讓孩子快點入睡的方法。突然她大聲吩咐丈夫：「快點拿本書來！」

丈夫莫名其妙地問：「拿書做什麼？」妻子說：「我平常看見你說說笑笑時挺有精神，但一捧起書就呵欠連連，很快就睡著了，可見書本能催眠，我想讓咱們的孩子也試試。」

妻子的一番蠢言，有兩個目的，一是想擺脫孩子的啼哭帶來的煩惱和無奈，再是批評丈夫看書學習時的不用功態度。很顯然，她的這兩個目的都達到了，同時，這則小故事也告訴我們，明知荒謬而故說，要以一種清醒的認識作背景，以便與所說的意義構成反差，這樣才能耐人尋味。

你在說什麼？—39歲前一定要學會的66種溝通技巧

你在說什麼？
39歲前一定要學會的66種溝通技巧

作　　者　孫廣春

發 行 人　林敬彬
主　　編　楊安瑜
統籌編輯　蔡穎如
責任編輯　汪仁
美術編排　洸譜創意設計股份有限公司
封面設計　洸譜創意設計股份有限公司

出　　版　大都會文化事業有限公司　行政院新聞局北市業字第89號
發　　行　大都會文化事業有限公司
110台北市基隆路一段432號4樓之9
讀者服務專線：(02)27235216
讀者服務傳真：(02)27235220
電子郵件信箱：metro@ms21.hinet.net
網　　　址：www.metrobook.com.tw

郵政劃撥　14050529 大都會文化事業有限公司
出版日期　2007年6月初版一刷
定　　價　220元

ISBN 13　978-986-7651-95-2
書　　號　Success-024

Metropolitan Culture Enterprise Co., Ltd.
4F-9, Double Hero Bldg., 432, Keelung Rd., Sec. 1,
Taipei 110, Taiwan
TEL:+886-2-2723-5216　FAX:+886-2-2723-5220
e-mail:metro@ms21.hinet.net
Website:www.metrobook.com.tw

大都會文化
METROPOLITAN CULTURE
大都會文化

國家圖書館出版品預行編目資料

你在說什麼：一生一定要學會的66種溝通技巧 / 孫廣春著.--初版.--臺北市 ： 大都會文化, 2007[民96]　面 ： 公分.--(Success：24)
ISBN 978-986-7651-95-2(平裝)
1.溝通

177.1　　95024178

大都會文化圖書目錄

●度小月系列

路邊攤賺大錢【搶錢篇】	280元	路邊攤賺大錢2【奇蹟篇】	280元
路邊攤賺大錢3【致富篇】	280元	路邊攤賺大錢4【飾品配件篇】	280元
路邊攤賺大錢5【清涼美食篇】	280元	路邊攤賺大錢6【異國美食篇】	280元
路邊攤賺大錢7【元氣早餐篇】	280元	路邊攤賺大錢8【養生進補篇】	280元
路邊攤賺大錢9【加盟篇】	280元	路邊攤賺大錢10【中部搶錢篇】	280元
路邊攤賺大錢11【賺翻篇】	280元	路邊攤賺大錢12【大排長龍篇】	280元

●DIY系列

路邊攤美食DIY	220元	嚴選台灣小吃DIY	220元
路邊攤超人氣小吃DIY	220元	路邊攤紅不讓美食DIY	220元
路邊攤流行冰品DIY	220元	路邊攤排隊美食DIY	220元

●流行瘋系列

跟著偶像FUN韓假	260元	女人百分百—男人心中的最愛	180元
哈利波特魔法學院	160元	韓式愛美大作戰	240元
下一個偶像就是你	180元	芙蓉美人泡澡術	220元
Men力四射—型男教戰手冊	250元	男體使用手冊—35歲+♂保健之道	250元

●生活大師系列

遠離過敏—打造健康的居家環境	280元	這樣泡澡最健康—紓壓・排毒・瘦身三部曲	220元
兩岸用語快譯通	220元	台灣珍奇廟—發財開運祈福路	280元
魅力野溪溫泉大發見	260元	寵愛你的肌膚—從手工香皂開始	260元
舞動燭光—手工蠟燭的綺麗世界	280元	空間也需要好味道—打造天然相氛的68個妙招	260元
雞尾酒的微醺世界—調出你的私房Lounge Bar風情	250元	野外泡湯趣—魅力野溪溫泉大發見	260元
肌膚也需要放輕鬆—徜徉天然風的43項舒壓體驗	260元	辦公室也能做瑜珈—上班族的紓壓活力操	200元
別再說妳不懂車—男人不教的Know How	249元	一國兩字—兩岸用語快譯通	200元
宅典	288元		

●寵物當家系列

Smart養狗寶典	380元	Smart養貓寶典	380元
貓咪玩具魔法DIY—讓牠快樂起舞的55種方法	220元	愛犬造型魔法書—讓你的寶貝漂亮一下	260元
我的陽光・我的寶貝—寵物眞情物語	220元	漂亮寶貝在你家—寵物流行精品DIY	220元
我家有隻麝香豬—養豬完全攻略	220元	Smart 養狗寶典（平裝版）	250元
生肖星座招財狗	200元	Smart 養貓寶典（平裝版）	250元
Smart 養兔寶典（平裝版）	280元		

●人物誌系列

現代灰姑娘	199元	黛安娜傳	360元
船上的365天	360元	優雅與狂野—威廉王子	260元
走出城堡的王子	160元	殞逝的英格蘭玫瑰	260元
貝克漢與維多利亞 —新皇族的眞實人生	280元	幸運的孩子 —布希王朝的眞實故事	250元
瑪丹娜—流行天后的眞實畫像	280元	紅塵歲月—三毛的生命戀歌	250元
風華再現—金庸傳	260元	俠骨柔情—古龍的今生今世	250元
她從海上來—張愛玲情愛傳奇	250元	從間諜到總統—普丁傳奇	250元
脫下斗篷的哈利—丹尼爾・雷德克里夫	220元	蛻變—章子怡的成長紀實	260元
強尼戴普 —可以狂放叛逆，也可以柔情感性	280元	棋聖 吳清源	280元

●心靈特區系列

每一片刻都是重生	220元	給大腦洗個澡	220元
成功方與圓—改變一生的處世智慧	220元	轉個彎路更寬	199元
課本上學不到的33條人生經驗	149元	絕對管用的38條職場致勝法則	149元
從窮人進化到富人的29條處事智慧	149元	成長三部曲	299元
心態 —成功的人就是和你不一樣	180元	當成功遇見你 -迎向陽光的信心與勇氣	180元
改變，做對的事	180元	智慧沙	199元
課堂上學不到的100條人生經驗	199元	不可不防的13種人	199元
不可不知的職場叢林法則	199元	打開心裡的門窗	200元
不可不愼的面子問題	199元	交心—別讓誤會成爲拓展人脈的絆腳石	199元

●SUCCESS系列

七大狂銷戰略	220元	打造一整年的好業績—店面經營的72堂課	200元
超級記憶術 —改變一生的學習方式	199元	管理的鋼盔 —商戰存活與突圍的25個必勝錦囊	200元
搞什麼行銷 —152個商戰關鍵報告	220元	精明人聰明人明白人 —態度決定你的成敗	200元
人脈=錢脈 —改變一生的人際關係經營術	180元	搜精・搜驚・搜金 —從Google的致富傳奇中，你學到了什麼？	199元
搶救貧窮大作戰の48條絕對法則	220元	週一清晨的領導課	160元
殺出紅海 —漂亮勝出的104個商戰奇謀	220元	客人在哪裡？ —決定你業績倍增的關鍵細節	200元
絕對中國製造的58個管理智慧	200元	商戰奇謀36計—現代企業生存寶典	180元
商戰奇謀36計—現代企業生存寶典II	180元	商戰奇謀36計—現代企業生存寶典III	180元
幸福家庭的理財計畫	250元	巨賈定律— 商戰奇謀36計	498元
有錢眞好！—輕鬆理財的10種態度	200元	創意決定優勢	180元
我在華爾街的日子	180元	贏在關係-勇闖職場的人際關係經營術	180元
買單！— 一次就搞定的談判技巧	199元	你在說什麼 — 39歲前一定要學會的66種溝通技巧	220元

●都會健康館系列

秋養生—二十四節氣養生經	220元	春養生—二十四節氣養生經	220元
夏養生—二十四節氣養生經	220元	冬養生—二十四節氣養生經	220元
春夏秋冬養生套書	699元	寒天—0卡路里的健康瘦身新主張	200元
地中海纖體美人湯飲	220元		

●CHOICE系列

入侵鹿耳門	280元	蒲公英與我—聽我說說畫	220元
入侵鹿耳門（新版）	199元	舊時月色（上輯+下輯）	各180元
清塘荷韻	280元	飲食男女	200元

●FORTH系列

印度流浪記—滌盡塵俗的心之旅	220元	胡同面孔—古都北京的人文旅行地圖	280元
尋訪失落的香格里拉	240元	今天不飛—空姐的私旅圖	220元
紐西蘭奇異國	200元	從古都到香格里拉	399元
馬力歐帶你瘋台灣	250元	瑪杜莎豔遇鮮境	180元

●大旗藏史館

大清皇權遊戲	250元	大清后妃傳奇	250元
大清官宦沈浮	250元	大清才子命運	250元
開國大帝	220元		

●大都會運動館

野外求生寶典—活命的必要裝備與技能	260元	攀岩寶典—安全攀登的入門技巧與實用裝備	260元
風浪版寶典—駕馭的入門指南與技術提昇	260元		

●大都會休閒館

賭城大贏家—逢賭必勝祕訣大揭露	240元	旅遊達人—行遍天下的109個Do & don't	250元
萬國旗之旅—輕鬆成爲世界通	240元		

●FOCUS系列

中國誠信報告	250元	中國誠信的背後	250元
誠信	250元		

●禮物書系列

印象花園 梵谷	160元	印象花園 莫內	160元
印象花園 高更	160元	印象花園 竇加	160元
印象花園 雷諾瓦	160元	印象花園 大衛	160元
印象花園 畢卡索	160元	印象花園 達文西	160元
印象花園 米開朗基羅	160元	印象花園 拉斐爾	160元
印象花園 林布蘭特	160元	印象花園 米勒	160元
絮語說相思 情有獨鍾	200元		

●工商管理系列

二十一世紀新工作浪潮	200元	化危機爲轉機	200元
美術工作者設計生涯轉轉彎	200元	攝影工作者快門生涯轉轉彎	200元
企劃工作者動腦生涯轉轉彎	220元	電腦工作者滑鼠生涯轉轉彎	200元
打開視窗說亮話	200元	文字工作者撰錢生活轉轉彎	220元
挑戰極限	320元	30分鐘行動管理百科（九本盒裝套書）	799元
30分鐘教你自我腦內革命	110元	30分鐘教你樹立優質形象	110元
30分鐘教你錢多事少離家近	110元	30分鐘教你創造自我價値	110元
30分鐘教你Smart解決難題	110元	30分鐘教你如何激勵部屬	110元
30分鐘教你掌握優勢談判	110元	30分鐘教你如何快速致富	110元
30分鐘教你提昇溝通技巧	110元		

●精緻生活系列

女人窺心事	120元	另類費洛蒙	180元
花落	180元		

●CITY MALL系列

別懷疑！我就是馬克大夫	200元	愛情詭話	170元
唉呀！眞尷尬	200元	就是要賴在演藝圈	180元

●親子教養系列

我家小孩愛看書—Happy學習easy go！	220元	天才少年的5種能力	280元
孩童完全自救寶盒（五書+五卡+四卷錄影帶）			3,490元（特價2,490元）
孩童完全自救手冊—這時候你該怎麼辦（合訂本）			299元
哇塞！你身上有蟲！學校忘了買，老師不敢教，史上最髒科學書			250元

●BEST系列

人脈=錢脈 —改變一生的人際關係經營術（典藏精裝版）199元	超級記憶術—改變一生的學習方式	220元

◎關於買書：

1、大都會文化的圖書在全國各書店及誠品、金石堂、何嘉仁、搜主義、敦煌、紀伊國屋、 諾貝爾等連鎖書店均有販售，如欲購買本公司出版品，建議你直接洽詢書店服務人員以節省您寶貴時間，如果書店已售完，請撥本公司各區經銷商服務專線洽詢。

北部地區：(02)29007288 桃竹苗地區：(03)2128000 中彰投地區：(04)27081282

雲嘉地區：(05)2354380 臺南地區：(06)2642655 高雄地區：(07)3730079

屏東地區：(08)7376441

2、到以下各網路書店購買：

大都會文化網站 (http://www.metrobook.com.tw)

博客來網路書店 (http://www.books.com.tw)

金石堂網路書店 (http://www.kingstone.com.tw)

3、到郵局劃撥：

戶名：大都會文化事業有限公司　帳號：14050529

4、親赴大都會文化買書可享8折優惠。

大都會文化　讀者服務卡

書名：**你在說什麼！— 39歲前一定要學會的66種溝通技巧**

謝謝您選擇了這本書！期待您的支持與建議，讓我們能有更多聯繫與互動的機會。

A. 您在何時購得本書：_____年_____月_____日

B. 您在何處購得本書：__________書店，位於__________(市、縣)

C. 您從哪裡得知本書的消息：
1.□書店　2.□報章雜誌　3.□電台活動　4.□網路資訊
5.□書籤宣傳品等　6.□親友介紹　7.□書評　8.□其他

D. 您購買本書的動機：（可複選）
1.□對主題或內容感興趣　2.□工作需要　3.□生活需要
4.□自我進修　5.□內容為流行熱門話題　6.□其他

E. 您最喜歡本書的：（可複選）
1.□內容題材　2.□字體大小　3.□翻譯文筆　4.□封面　5.□編排方式　6.□其他

F. 您認為本書的封面：1.□非常出色　2.□普通　3.□毫不起眼　4.□其他

G. 您認為本書的編排：1.□非常出色　2.□普通　3.□毫不起眼　4.□其他

H. 您通常以哪些方式購書：(可複選)
1.□逛書店　2.□書展　3.□劃撥郵購　4.□團體訂購　5.□網路購書　6.□其他

I. 您希望我們出版哪類書籍：（可複選）
1.□旅遊　2.□流行文化　3.□生活休閒　4.□美容保養　5.□散文小品
6.□科學新知　7.□藝術音樂　8.□致富理財　9.□工商企管　10.□科幻推理
11.□史哲類　12.□勵志傳記　13.□電影小說　14.□語言學習（____語）
15.□幽默諧趣　16.□其他

J. 您對本書(系)的建議：

K. 您對本出版社的建議：

讀者小檔案
姓名：____________性別：□男　□女　生日：____年____月____日
年齡：1.□20歲以下 2.□21—30歲 3.□31—50歲 4.□51歲以上
職業：1.□學生 2.□軍公教 3.□大眾傳播 4.□服務業 5.□金融業 6.□製造業
7.□資訊業 8.□自由業 9.□家管 10.□退休 11.□其他
學歷：□國小或以下 □國中 □高中／高職 □大學／大專 □研究所以上
通訊地址：______________________________
電話：（H）______________（O）______________傳真：______________
行動電話：______________ E-Mail：______________________

◎謝謝您購買本書，也歡迎您加入我們的會員，請上大都會文化網站www.metrobook.com.tw登錄您的資料，您將會不定期收到最新圖書優惠資訊及電子報。

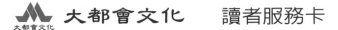

廣告回函
北區郵政管理局
登記證北台字第9125號
免貼郵票

大都會文化事業有限公司

讀者服務部　　收

110台北市基隆路一段432號4樓之9

寄回這張服務卡〔免貼郵票〕
您可以：
◎不定期收到最新出版訊息
◎參加各項回饋優惠活動

你在說什麼？

39歲前一定要學會的66種溝通技巧

大都會文化
METROPOLITAN CULTURE

大都會文化
METROPOLITAN CULTURE